Realización de auditorías e inspecciones ambientales, control de las desviaciones del SGA

Realización de auditorías e inspecciones ambientales, control de las desviaciones del SGA

Pedro Mas Alique

Paraninfo

Paraninfo

Realización de auditorías e inspecciones ambientales, control de las desviaciones del SGA
© Pedro Mas Alique

Gerente Editorial
María José López Raso

Equipo Técnico Editorial
Paola Paz Otero
Sofía Durán Tamayo

Editora de Adquisiciones
Carmen Lara Carmona

Producción
Nacho Cabal Ramos

Diseño de cubierta
Ediciones Nobel

Preimpresión
Sonia Ojanguren Llera

1.ª edición, 2025

C/ Sierra de Guadarrama 35. Naves 2, 3, 4 y 5
Polígono Industrial San Fernando II
28830 San Fernando de Henares, Madrid
Teléfono: (+34) 914 463 350
clientes@paraninfo.es / www.paraninfo.es

ISBN: 978-84-283-7110-0
Depósito legal: M-18718-2025
(33.049)

Impreso en España / *Printed in Spain*
Liberdigital
(Casarrubuelos, Madrid)

La editorial recomienda que el alumnado realice las actividades sobre el cuaderno y no sobre el libro.

Índice

Introducción normativa VII

1. Auditorías e inspecciones vinculadas a un sistema de gestión ambiental (SGA) 1

1.1. Inspecciones y auditorías ambientales legales 3

1.2. Auditorías voluntarias 8

1.2.1. Auditoría interna 11

1.2.2. Auditoría externa: certificación y/o verificación 12

1.3. Capacitación del auditor interno y externo 14

1.3.1. Requisitos previos 18

1.3.2. Formación y habilidades 21

1.3.3. Prácticas 24

1.4. Metodología de auditoría interna 28

1.4.1. Planificación de la auditoría interna y externa 30

1.4.2. Programa de auditoría interna 33

1.4.3. Búsqueda y evaluación de evidencias de auditoría 36

1.4.4. Fase documental de la auditoría 38

1.4.5. Desarrollo de la auditoría *in situ* 41

1.4.6. Elaboración del informe de auditoría: puntos fuertes, no conformidades, observaciones y oportunidades de mejora 43

1.4.7. Seguimiento y cierre de no conformidades y observaciones de auditoría 47

1.5. Metodología de auditoría externa: certificación y verificación 50

1.5.1. Concepto de *certificación-verificación* 54

1.5.2. ENAC (Entidad Nacional de Acreditación) 59

1.5.3. Entidades certificadoras y de verificación 63

1.5.4. Proceso de certificación del sistema de gestión ambiental 67

1.5.5. Proceso de verificación de la declaración ambiental y proceso de registro EMAS 70

Actividades finales 74

2. Control y corrección de desviaciones en la aplicación del sistema de gestión ambiental (SGA) 81

2.1. Definición de no conformidad, y acción correctiva y preventiva 83

2.2. Criterios de identificación de no conformidades 86

2.2.1. Valoración de los indicadores 88

2.2.2. Desviación del sistema de gestión ambiental (SGA) 92

2.2.3. Auditorías internas y externas 96

2.2.4. Quejas y denuncias ambientales 100

2.3. Criterios de identificación de mejoras 105

2.3.1. Sugerencias internas y externas 110

2.3.2. Conocimientos actuales de la ciencia 113

2.3.3. Nuevas tecnologías 117

2.3.4. Información de buenas prácticas de otras organizaciones 122

2.4. Seguimiento y resolución de no conformidades 124

2.4.1. Corrección 128

2.4.2. Acción correctiva 131

2.5. Gestión de acciones correctivas y preventivas 134

2.5.1. Estudio de causas 138

2.5.2. Propuesta de acciones 142

2.5.3. Implementación de soluciones viables 145

2.5.4. Verificación de la eficacia 150

2.6. Informe final 153

2.6.1. Mejoras ambientales, ahorro conseguido y procedimiento adoptado 155

2.6.2. Comunicación interna 157

Actividades finales 160

Introducción normativa

La Ley Orgánica 3/2022, de 31 de marzo, de ordenación e integración de la Formación Profesional, contiene una disposición derogatoria única que afecta a la regulación de los certificados de profesionalidad, ahora denominados **Certificados Profesionales.** La referida normativa deroga la Ley Orgánica 5/2002, de 19 de junio, de las Cualificaciones y de la Formación Profesional, y abre un escenario de cambios que se irá implementando progresivamente.

La Ley Orgánica 3/2022, de 31 de marzo, de ordenación e integración de la Formación Profesional implica que toda la formación es acumulable. La oferta formativa se estructura de forma escalonada, siendo los Certificados Profesionales un nivel intermedio (Grado C) de una escala que va desde el Grado A hasta el E.

En los artículos 35 a 38 de la Ley 3/2022 se describe en qué consisten estos Certificados Profesionales: su oferta, formación asociada, estructura, duración, acceso, titulación y validez. Posteriormente, esta normativa se completa con lo dispuesto en el Real Decreto 659/2023, de 18 de julio, que desarrolla la ordenación del sistema de Formación Profesional. Concretamente en los artículos 67 a 81 es donde se hace referencia a la oferta formativa de Grado C, correspondiente a los Certificados Profesionales.

Están agrupados en 26 familias profesionales con características comunes del sector. En la actualidad hay más de medio millar de Certificados Profesionales incluidos en el Repertorio Nacional. Esta cifra no deja de crecer. Además, cada certificado está específicamente regulado por un real decreto.

Un Certificado Profesional corresponde al Grado C de la oferta del Sistema de Formación Profesional. Es un documento oficial, con validez en todo el territorio nacional y debe constar en el Catálogo Nacional de Ofertas de Formación Profesional, que certifica la capacitación para el desarrollo de una actividad profesional.

Debe detallar los módulos profesionales superados y los estándares de competencia profesional asociados a él e incluidos en el **Catálogo Nacional de Estándares de Competencias Profesionales**, así como su correspondencia con el Marco Español de Cualificaciones.

Despliegan su validez en un doble ámbito, laboral y académico:

- En el contexto laboral tienen validez profesional porque acreditan las competencias en una determinada profesión. Para poder trabajar en algunas profesiones, se exigen determinadas cualificaciones, y los certificados sirven para acreditarlas.
- Asimismo, tienen validez académica, puesto que permiten continuar un itinerario formativo siempre que se cumplan los requisitos de acceso para cursar la titulación deseada. De tal modo que, los Certificados Profesionales que sean parte de un Grado D permitirán la matrícula modular para completar los módulos establecidos en el currículo y obtener el correspondiente título de técnico básico, técnico o técnico superior con validez en todo el territorio nacional.

Para obtener un Certificado Profesional (Grado C) es preciso cumplir con los requisitos de acceso para realizar la formación.

Estructura de los Certificados Profesionales

I. Identificación: denominación, familia y área profesional a la que pertenecen; nivel de cualificación profesional (1, 2 o 3); cualificación profesional de referencia; entorno profesional y módulos formativos que esté previsto cursar junto con la duración de cada uno de ellos.

II. Perfil profesional: incluye las competencias profesionales requeridas en el mercado laboral. En todas ellas se concretan las realizaciones profesionales y los criterios de realización.

III. Formación: describe los módulos formativos que esté previsto cursar para adquirir las competencias requeridas. En cada uno de ellos se indican las capacidades que se pretenden alcanzar y la duración del módulo de prácticas no laborales —PNL—, para el que cabe solicitar exención si se cumplen determinados requisitos.

IV. Prescripciones de las personas formadoras.

V. Requisitos mínimos de espacios, instalaciones y equipamiento.

Los Certificados Profesionales se identifican con una denominación concreta y un código alfanumérico propio, y sirven para acreditar una determinada cualificación profesional. Cada certificado está asociado a una relación de unidades de competencia que, a su vez, se vinculan con una serie de módulos formativos específicos. Algunos módulos están integrados por unidades formativas y tanto unos como otras son, en ocasiones, transversales, lo que significa que se trata de contenidos incluidos en más de un Certificado Profesional.

Los Certificados Profesionales se articulan en tres niveles de competencia profesional (1, 2 y 3) conforme a lo dispuesto en el que será el Catálogo Nacional de Estándares de Competencias Profesionales, anteriormente Catálogo Nacional de Cualificaciones Profesionales (CNCP), según los criterios establecidos de conocimientos, iniciativa, autonomía y complejidad de las tareas, en cada una de las ofertas de Formación Profesional.

La oferta formativa dirigida a la obtención de los Certificados Profesionales tiene carácter modular para favorecer la acreditación parcial acumulable de la formación recibida y posibilitar así el avance en el itinerario de Formación Profesional para cualquiera que sea la situación laboral de cada persona en cada momento.

En definitiva, el Grado C constituye la oferta, parcial y acumulable, del sistema de Formación Profesional, de varios módulos profesionales del catálogo modular de Formación Profesional por razón de su significado en el mercado laboral y conducente a la obtención de un Certificado Profesional.

Las ofertas de Grado C de Formación Profesional tendrán por objeto módulos profesionales incluidos previamente en el catálogo modular de formación profesional y asociados al Catálogo Nacional de Estándares de Competencias Profesionales.

Finalidad de los Certificados Profesionales

- Contribuir a la ordenación de un Sistema de Formación Profesional al servicio de un régimen de formación y acompañamiento profesionales que sea capaz de responder con flexibilidad a los intereses, expectativas y aspiraciones de cualificación profesional de las personas a lo largo de su vida.
- Combinar escuela y empresa situando a la persona en el centro del sistema.
- Facilitar el aprendizaje permanente de toda la ciudadanía mediante una formación abierta, flexible y accesible, estructurada de forma modular, a través de la oferta formativa asociada al certificado.
- Acreditar las cualificaciones profesionales o las unidades de competencia recogidas en estas, independientemente de su vía de adquisición, bien sea a través de la vía formativa, o mediante la experiencia laboral o vías no formales de formación.
- Favorecer, tanto a nivel nacional como europeo, la transparencia del mercado de trabajo.
- Contribuir a la calidad de la oferta de Formación Profesional.

Este libro

El presente libro desarrolla la Unidad Formativa: **Realización de Auditorías e inspecciones ambientales, control de las desviaciones del SGA. Código:** UF1946. **Duración:** 40 horas.

Está asociada al Módulo Formativo MF1973_3 Sistemas de gestión ambiental, asociado a la Unidad de Competencia UC1973_3 Ejecutar la puesta en marcha y mantenimiento del Sistema de Gestión Ambiental (SGA), perteneciente a la Cualificación Profesional de referencia Gestión ambiental (SEA597_3), incluida en el Certificado Profesional SEAG0211 Gestión ambiental, regulado por el Real Decreto 1785/2011, de 16 de diciembre.

La estructura organizativa de los contenidos corresponde fielmente a la establecida por la normativa vigente y más concretamente a los contenidos de la Unidad Formativa: **Realización de auditorías e inspecciones ambientales, control de las desviaciones del SGA.**

Contenido

1. **Auditorías e inspecciones vinculadas a un sistema de gestión ambiental (SGA).**
   - Inspecciones y auditorías ambientales legales.
   - Auditorías voluntarias:
     - — Auditoría interna.
     - — Auditoría externa: certificación y/o verificación.
   - Capacitación del auditor interno y externo:
     - — Requisitos previos.
     - — Formación, habilidades.
     - — Prácticas.
   - Metodología de auditoría interna:
     - — Planificación de la auditoría interna y externa.
     - — Programa de auditoría interna.
     - — Búsqueda y evaluación de evidencias de auditoría.
     - — Fase documental de la auditoría.
     - — Desarrollo de la auditoría «in situ».
     - — Elaboración del informe de auditoría: puntos fuertes, no conformidades, observaciones y oportunidades de mejora.

- — Seguimiento y cierre de no conformidades y observaciones de auditoría.

- Metodología de auditoría externa: certificación y verificación:
  - — Concepto de certificación-verificación.
  - — ENAC (Entidad Nacional de Acreditación).
  - — Entidades certificadoras y de verificación.
  - — Proceso de certificación del sistema de gestión ambiental.
  - — Proceso de verificación de la declaración ambiental.
  - — Proceso de Registro EMAS.

2. Control y corrección de desviaciones en la aplicación del sistema de gestión ambiental (SGA).

- Definición de no conformidad, acción correctiva y preventiva.
- Criterios de identificación de no conformidades:
  - — Valoración de los indicadores.
  - — Desviación del sistema de gestión ambiental (SGA).
  - — Auditorías internas y externas.
  - — Quejas y denuncias ambientales.
- Criterios de identificación de mejoras:
  - — Sugerencias internas y externas.
  - — Conocimientos actuales de la ciencia.
  - — Nuevas tecnologías.
  - — Información de buenas prácticas de otras organizaciones.
- Seguimiento y resolución de no conformidades:
  - — Corrección.
  - — Acción correctiva.
- Gestión de acciones correctivas y preventivas:
  - — Estudio de causas.
  - — Propuesta de acciones.
  - — Implementación de soluciones viables.
  - — Verificación de la eficacia.
- Informe final:
  - — Mejoras ambientales, ahorro conseguido y procedimiento adoptado.
  - — Comunicación interna.

Nota del Editor

En Ediciones Paraninfo estamos comprometidos con la calidad de la formación e intentamos que nuestros materiales respondan fielmente y con rigor a las necesidades de todos cuantos confían en nuestro sello editorial.

Tratamos de dar respuesta a los currículos de las unidades formativas y de los módulos que integran los distintos Certificados Profesionales, equilibrando la parte teórica con la práctica para que los procesos de aprendizaje se conviertan en experiencias gratificantes, tanto para docentes como para las personas inmersas en los procesos formativos.

Nuestros objetivos son contribuir de forma decisiva a afianzar aprendizajes, ayudar a adquirir destrezas que tengan significado para el empleo y conseguir potenciar el desarrollo personal.

Para lograrlo contamos con excelentes autores, expertos en las materias que abordan, en la mayoría de los casos docentes de dichas especialidades con dilatada experiencia tanto profesional como académica, porque buscamos perfiles familiarizados con los contextos laborales concretos a los que se refieren nuestros manuales.

Confiamos en poder serte de ayuda y esperamos tus impresiones acerca de nuestro trabajo. Sean positivas o negativas, serán muy bien recibidas y, sin duda, nos ayudarán a seguir mejorando y trabajando con ilusión para continuar siendo un referente en formación para el empleo.

Agradecemos tu confianza en nuestros manuales. Todo nuestro equipo queda a tu total disposición. Puedes contactar con nosotros en esta dirección de correo electrónico:

info@paraninfo.es

1. Auditorías e inspecciones vinculadas a un sistema de gestión ambiental (SGA)

Contenidos

1.1. Inspecciones y auditorías ambientales legales

1.2. Auditorías voluntarias

1.3. Capacitación del auditor interno y externo

1.4. Metodología de auditoría interna

1.5. Metodología de auditoría externa: certificación y verificación

Actividades finales

1.1. INSPECCIONES Y AUDITORÍAS AMBIENTALES LEGALES

En este apartado, y en los siguientes, se van a tomar como referencias para la gestión ambiental la norma ISO 14001:2015, estándar de gestión ambiental, y el sistema EMAS *(eco management and audit scheme)*, sistema de gestión y auditoría medioambientales de la Unión Europea, y para las auditorías la norma ISO 19011:2018.

Es preciso conocer las normas ISO —que se pueden comprar en español en la página web de AENOR (Asociación Española de Normalización y Certificación)—, para lo cual hay que leerlas con atención, pues se van a utilizar constantemente. Las dos versiones citadas son las que están en vigor en el momento de escribir la presente obra, pero hay que prestar atención a las actualizaciones y al idioma, se va a trabajar en español, por lo que se deben utilizar las versiones oficiales en este idioma, que son las que, en España, edita AENOR.

La documentación de EMAS se puede obtener en la página web de la Unión Europea (UE), es de acceso libre y está actualizada. El sistema EMAS se define en el Reglamento 1221/2009 del Parlamento europeo y del Consejo de 25 de noviembre de 2009, relativo a la participación voluntaria de organizaciones en un sistema comunitario de gestión y auditoría medioambientales (EMAS), y por el que se derogan el Reglamento 761/2001 y las Decisiones 2001/681/CE y 2006/193/CE de la Comisión; pero, dada la gran cantidad de pymes que hay en España, es especialmente interesante el documento *EMAS «easy» para pequeñas y medianas empresas,* también de descarga libre, en español, en la citada web.

En los aspectos generales de la gestión ambiental, se va a emplear ISO 14001, por tener mayor implantación que EMAS, que se utilizará en aquellos temas específicos de este sistema; además, ISO 14001 puede ser considerado como un *manual de buenas prácticas* muy adecuado para la implantación de un SGA (sistema de gestión ambiental), que es un requisito previo para el registro EMAS, que certifica que una empresa trabaja con el sistema de la UE.

Figura 1.1. Los SGA estandarizados, ISO 14001 y EMAS, son guías para una óptima gestión ambiental.

Uno de los requisitos de ISO 14001 es el cumplimiento legal, que, en el Apartado 4 de la norma, se incluye dentro del análisis de contexto, y al que se refiere en repetidas ocasiones a lo largo del documento.

ISO 14001 define auditoría como «proceso sistemático, independiente y documentado para obtener las evidencias de auditoría y evaluarlas de manera objetiva con el fin de determinar el grado en el que se cumplen los criterios de auditoría»; es decir, una vez definidos los criterios según los cuales se va a evaluar un proceso, un sistema, un producto o una actividad, la auditoría comprueba en qué grado se cumplen.

Las auditorías pueden ser de distinto tipo; ISO 19011 las clasifica según se muestra en la Tabla 1.1, extraída de la citada norma, con anotaciones que provienen de ella y de ISO 14001.

Tabla 1.1. Tipos de auditoría según ISO 19011

Auditoría de primera parte	Auditoría de segunda parte	Auditoría de tercera parte
Auditoría interna, la que realiza la empresa u otra entidad en nombre de la empresa.	Auditoría externa de proveedor.	Auditoría de certificación o acreditación, efectuada por entidades independientes de la empresa.
	Otra auditoría externa de parte interesada.	Auditoría legal, reglamentaria o similar, por parte de las autoridades u organismos con autoridad para ello.

Dependiendo del objeto de la auditoría, pueden ser:

- **De producto:** comprobación por muestreo y con criterios diversos de determinadas características del producto.
- **De proceso:** comprobación de que el proceso cumple los requisitos establecidos y se ejecuta correctamente.
- **De sistema:** comprobación de que el sistema cumple con una norma o estándar determinado, por ejemplo, ISO 14001.

En la definición de auditoría, figura la palabra *independiente,* referida a la relación entre auditor (entidad auditora) y auditado (empresa auditada), ISO 14001 indica que «la independencia se puede demostrar por la ausencia de responsabilidad con relación a la actividad que se audita, o ausencia de sesgo y conflicto de intereses», lo que es crucial para que la auditoría se haga de un modo neutral y sin sesgos de ningún tipo.

Otro aspecto clave son las *evidencias,* los hechos objetivos y demostrables que se encuentran en el proceso de auditoría, según ISO 14001, «la evidencia de auditoría consiste en registros, declaraciones de hechos y demás información pertinente a los criterios de auditoría, que son verificables; los criterios de auditoría son el conjunto de políticas, procedimientos o requisitos usados como referencia, frente a los cuales se compara la evidencia de auditoría».

El objeto de esta larga introducción a las inspecciones y auditorías legales es definir el marco general de las auditorías y sus conceptos básicos, aplicables en su mayoría a las inspecciones, pero también introducir la idea de la actividad de auditoría (e inspección) como un todo, como una disciplina de trabajo que incluye tanto las auditorías internas como las externas de cualquier tipo. Las auditorías internas se hacen para comprobar que se cumplen los requisitos establecidos incluyendo el cumplimiento legal, objeto de auditorías e inspecciones de carácter legal y reglamentario.

El término *inspección* no figura en las definiciones de ISO 14001 ni de ISO 19011, por lo que se recurre a ISO 9000:2015, que define *inspección* como «la determinación de la conformidad con los requisitos especificados», que, de forma muy escueta, también podría definir una auditoría, el lenguaje de las normas ISO no siempre es tan claro como debiera.

¿Cuál es la diferencia entre inspección y auditoría? Según la Real Academia Española (RAE), la auditoría es «la revisión sistemática de una actividad o de una situación para evaluar el cumplimiento de las reglas o criterios objetivos a que aquellas deben someterse» y define *inspeccionar* como «examinar, reconocer atentamente»; tampoco ayuda mucho, pero da alguna pista de lo que se plasma en el lenguaje cotidiano, especialmente en el campo industrial, donde se habla de *inspección de piezas* y de *auditoría de sistemas,* pues una auditoría es un proceso general, mientras que la inspección tiene un objetivo concreto.

Antes de pasar a comentar el marco legal, una última observación: las normas ISO y otros documentos sobre sistemas de gestión suelen referirse a la organización, mientras que, en esta obra, se utilizará el término *empresa,* para facilitar la comprensión de lo expuesto, ya que es más fácil entender la documentación ambiental de las empresas que la de las distintas administraciones, no hay pérdida de generalidad y se facilita la lectura y el estudio.

Las actividades de inspección y auditoría que las distintas administraciones públicas llevan a cabo en las empresas se pueden englobar dentro del concepto de *cumplimiento legal.* Si son preceptivas, la empresa debe cumplir con ellas, pero, como hay ocasiones en las que no se avisan previamente, también debe planificar sus actividades de auditoría y comprobación para estar siempre en perfecto *estado de revista,* utilizando el lenguaje militar; de ahí la estrecha relación entre las auditorías externas y las internas, y lo mismo ocurre con las inspecciones.

A continuación, se resumen los aspectos clave de este tipo de auditorías con ejemplos de legislación al respecto y una propuesta de estructura del informe de auditoría.

Características de las inspecciones y auditorías ambientales:

- **Definición:** las inspecciones y auditorías ambientales son evaluaciones realizadas por autoridades competentes para verificar el cumplimiento de la normativa ambiental por parte de una organización.
- **Objetivos:** dentro de la capacidad inspectora de las administraciones correspondientes, los objetivos de estas actividades son:
  - — Verificar el cumplimiento de los requisitos legales.
  - — Identificar infracciones y proponer sanciones.
  - — Promover la mejora del desempeño ambiental.
- **Realización:**
  1. **Notificación:** en algunos casos, las inspecciones son anunciadas con antelación; en otros, pueden ser por sorpresa.
  2. **Inspección o auditoría:** los inspectores revisan instalaciones, procesos y documentación.
  3. **Informe:** se elabora un informe con los hallazgos y, en caso de incumplimientos, se proponen sanciones o medidas correctivas.
- **Áreas que revisar:**
  - — Emisiones atmosféricas.
  - — Vertidos de aguas residuales.
  - — Gestión de residuos.
  - — Ruido y vibraciones.
  - — Uso de recursos naturales.
  - — Otros.

Normativa y legislación relativa a las auditorías ambientales:

- **Ley 26/2007, de 23 de octubre, de Responsabilidad Medioambiental,** establece el marco para la prevención y reparación de daños ambientales y requiere la realización de auditorías ambientales para actividades con riesgo ambiental significativo.

- **Ley 21/2013, de 9 de diciembre, de Evaluación Ambiental,** regula la evaluación de impacto ambiental de proyectos y planes e incluye requisitos para la realización de auditorías ambientales en proyectos sujetos a evaluación.

Existe otra normativa y legislación específica de ciertos aspectos ambientales que la empresa debe conocer y aplicar como resultado del análisis de contexto y la identificación de los requisitos legales correspondientes.

Preparación de las inspecciones y auditorías:

- **Documentación:** mantener actualizada la documentación ambiental (permisos, registros e informes).
- **Formación:** formar al personal en los requisitos legales y procedimientos de inspección y auditoría.
- **Autoevaluación:** realizar autoevaluaciones (auditorías e inspecciones) para comprobar el cumplimiento.

Durante la inspección o auditoría:

- **Cooperación:** facilitar el acceso a instalaciones y documentación, acompañando al auditor.
- **Transparencia:** proporcionar información clara y precisa.
- **Registro:** documentar los hallazgos y observaciones (informe de auditoría).

El informe de la auditoría debe estructurarse de la siguiente manera:

- **Objeto:** indicando el objeto de la auditoría o inspección.
- **Alcance:** definir lo que se ha auditado.
- **Metodología:** informar sobre la forma en la que se ha llevado a cabo la auditoría y la normativa o legislación de referencia.
- **Conclusiones:** hallazgos, no conformidades, oportunidades de mejora, etcétera.
- **Desarrollo:** descripción del desarrollo de la auditoría.
- **Documentación de referencia:** si procede, como métodos de análisis o similares, por ejemplo.

Tras la auditoría, hay que proceder del siguiente modo:

- **Acciones correctivas:** implantar las acciones correctivas recomendadas.
- **Seguimiento:** realizar un seguimiento para verificar la efectividad de las acciones.
- **Mejora continua:** utilizar los resultados para mejorar el desempeño del SGA.

Las auditorías internas deben servir de preparación para las legales y reglamentarias y de comprobación del estado del SGA.

Lo relativo a las características de los auditores y a la planificación y realización de auditorías se comenta en los siguientes apartados.

Un aspecto importante de las auditorías legales y normativas son los auditores, en el Apartado 1.3, se analizarán las cualidades y formación de los auditores, pero la experiencia enseña que no todas las personas que ejercen esa función en las distintas administraciones públicas poseen la formación y las características idóneas. Por ello, se recomienda que, siempre que sea posible, se recabe información de los auditores y, si se considera oportuno, se ejerza el derecho a recusarlos, no siempre es fácil ni agradable, pero, a veces, no hay más remedio.

ACTIVIDAD PROPUESTA 1.1.	**Normativa ISO**
Consigue y lee las ISO 14001:2015 y 19011:2018.	

ACTIVIDAD PROPUESTA 1.2.	**Normativa EMAS**
Localiza y lee el decreto de la UE sobre EMAS y el documento *EMAS «easy»*.	

1.2. AUDITORÍAS VOLUNTARIAS

En el Apartado 1.1, se han comentado las auditorías legales y normativas que se deberían regir por los principios generales de auditoría, pero que tienen ciertas características diferenciales por su origen y por el personal que las lleva a cabo, el cual, como ya se ha comentado, no siempre tiene las características óptimas, pues las distintas administraciones pueden no disponer de personal formado y experimentado en cierto tipo de auditorías legales y normativas.

De ahí que, en el citado apartado, se hayan tratado asuntos específicos, sin entrar en ciertas consideraciones de tipo general que es necesario conocer y que son aplicables a todos los tipos de auditoría; a continuación, se van a comentar los principios de auditoría (según ISO 19011:2018) y se van a describir los distintos tipos de auditorías voluntarias, ampliando lo ya comentado.

ISO 19011:2018 en el Apartado 4. Principios que auditoría, indica que «la auditoría se caracteriza por depender de varios principios. Estos principios deberían ayudar a hacer de la auditoría una herramienta eficaz y fiable en apoyo de las políticas y controles de gestión, proporcionando información sobre la cual una organización puede actuar para mejorar su desempeño. La adhesión a esos principios es un requisito previo para proporcionar conclusiones de la auditoría que sean pertinentes y suficientes, y para permitir a los auditores, que trabajan independientemente, alcanzar conclusiones similares en circunstancias similares».

Una larga experiencia en auditorías de distinto tipo permite afirmar que lo que se describe en el párrafo anterior es una situación ideal a la que hay que tender, pero que es difícil de conseguir.

«Estos principios deberían ayudar a hacer de la auditoría una herramienta eficaz y fiable en apoyo de las políticas y controles de gestión, proporcionando información sobre la cual una organización puede actuar para mejorar su desempeño», el verdadero objetivo de una auditoría no es encontrar defectos (desviaciones o no conformidades), sino comprobar que las cosas se hacen bien. Sirven para comprobar que el sistema, o el proceso o el producto, gozan de *buena salud* y, cuando se hacen de manera periódica y sistemática, identifican tendencias y situaciones que, junto con el enfoque basado en riesgos, permite anticiparse a los problemas, por lo que son una gran herramienta que no siempre se entiende ni se acepta de buen grado por el personal.

«La adhesión a esos principios es un requisito previo para proporcionar conclusiones de la auditoría que sean pertinentes y suficientes, y para permitir a los auditores, que trabajan independientemente, alcanzar conclusiones similares en circunstancias similares», los resultados de una auditoría no deben depender del auditor, pues deben basarse en evidencias objetivas y demostrables.

Los principios de auditoría son:

1. Integridad, ética, honradez, competencia e imparcialidad deben ser las características de los auditores y de los gestores de las auditorías.
2. Presentación imparcial, informar con veracidad y exactitud de los hallazgos e incidencias de la auditoría.
3. Debido cuidado profesional, eficacia, atención y buen juicio al auditar.
4. Confidencialidad de la información relacionada con la auditoría.
5. Independencia, imparcialidad y objetividad en las conclusiones de la auditoría.

Figura 1.2. Los principios de auditoría dotan a esta práctica de toda su potencia y eficacia.

6. Enfoque basado en la evidencia, método racional para alcanzar conclusiones de la auditoría fiables y reproducibles en un proceso de auditoría sistemático, basadas en hechos objetivos y demostrables.

7. Enfoque basado en riesgos, que considera los riesgos y las oportunidades.

El respeto a estos principios, sin los cuales las auditorías pierden mucha de su eficacia, implica la formación y motivación de auditores y auditados, la elección de un tipo determinado de personas como auditores (no todo el mundo vale para esto) y una planificación y metodología rigurosas.

Implantar la cultura de auditorías forma parte de la gestión del cambio a la que hace referencia ISO 14001 como parte de la implantación de un SGA.

La Real Academia Española define *voluntario* como «aquel acto que nace de la voluntad, y no por fuerza o necesidad extrañas a aquella», para entender lo que son las auditorías voluntarias, su carácter de voluntarias, es importante comentar la segunda parte de la definición, «y no por fuerza o necesidad extrañas a aquella».

El contexto de esta obra es la empresa con un SGA según ISO 14001 (o EMAS, en su caso), la norma establece como requisito la auditoría interna, lo que parece que la convierte en obligatoria, pero el proceso de adoptar ISO 14001 es voluntario, por ejemplo, si fuese requerido por un cliente, bastaría con no trabajar con ese cliente; las decisiones empresariales no son tan sencillas, pero hay que ser conscientes de que operar en determinados mercados tiene una serie de implicaciones que hay que asumir como propias y verlas como oportunidades en vez de como amenazas o imposiciones, lo que hace mucho más fácil atribuirles el carácter de voluntarias.

Hacer algo voluntariamente siempre es mejor que hacerlo por imposición, pero, sobre todo, es mucho más fácil *vendérselo* a los empleados como algo que, aceptado por la empresa, debe ser aceptable para el personal.

La aceptación de las auditorías por la plantilla, especialmente de las internas, es clave para su éxito y forma parte de la gestión del cambio mediante las correspondientes acciones de formación, información y motivación.

Las auditorías voluntarias, según se indica en la Tabla 1.1, son de primera parte auditoría interna y de tercera parte auditorías de sistema, de certificación o de verificación.

El personal que hace las auditorías internas puede no ser de la empresa auditada, según se verá en el Apartado 1.2.1.

Toda auditoría debe desarrollarse en un clima de confianza, pues se asume que ambas partes van a actuar de buena fe y a respetar los principios antes citados.

1.2.1. Auditoría interna

Las auditorías internas pueden ser de sistema, de proceso o de producto. Las auditorías de sistema son las que comprueban si un sistema de gestión sigue las directrices (requisitos) de un determinado estándar de gestión; por ejemplo, si el SGA cumple los requisitos de ISO 14001.

Se realizan a intervalos regulares con el objetivo, en general, de revisar todas las actividades durante un periodo determinado, que depende de la complejidad del sistema y de la vigencia del certificado del SGA, como se verá más adelante.

Revisar todas las actividades de un SGA medianamente complejo sería un trabajo ímprobo que, probablemente, afectaría al normal desarrollo de la actividad de la empresa; lo que se hace en la práctica es planificar por procesos o por áreas de la empresa, de modo que, durante el periodo establecido, se revisen todas las áreas incluidas en el alcance del SGA.

No es una revisión hecha con un criterio de muestreo estadístico, pues de lo que se trata es de comprobar que el desempeño del sistema es correcto, de ahí la transcendencia de encontrar desviaciones graves que puedan dar la imagen de que el sistema falla, aunque, si todo va bien, se asuma que las actividades no vistas también van bien.

Uno de los principios de auditoría es la independencia entre auditor y auditado, lo que puede ser difícil de conseguir en una pyme, por lo que, en estos casos, puede ser conveniente que la auditoría la haga personal externo; sigue siendo una auditoría interna, encargada por la empresa para sí misma, pero hecha por personas ajenas a la empresa para preservar el principio de independencia, entre otros.

Las auditorías de proceso tienen por finalidad comprobar que, principalmente, los procesos operativos se ejecutan de forma correcta. Los procesos operativos son los de creación de valor para el cliente y se identifican con los de fabricación del producto o prestación del servicio.

El objetivo es ejercer una vigilancia constante sobre los procesos citados desde un doble punto de vista: que el proceso se ajusta a las especificaciones (las definidas por el diseñador, por ejemplo) y que la ejecución del proceso es conforme con la documentación que lo define.

la declaración medioambiental actualizada de una organización son fiables, convincentes y correctos y cumplen los requisitos del presente Reglamento (1221/2009)».

Son auditorías externas, de tercera parte, igual que en el caso anterior; una vez verificado el SGA y la actuación de la empresa y validada la información, la empresa entra a formar parte de las entidades registradas. Según la página web del Ministerio para la Transición Ecológica y el Reto Demográfico, las acciones que hay que llevar a cabo para mantener el registro son:

- Haber verificado todos los elementos del sistema de gestión medioambiental en un periodo de 36 meses.
- Presentar las validaciones anuales de su declaración medioambiental.
- Presentar cada tres años la versión consolidada de su declaración medioambiental.
- Pagar las tarifas de registro correspondientes.
- Cumplir con la legislación medioambiental vigente.

Como se puede apreciar, la inscripción en el registro EMAS, y el mantenimiento de este, implica auditorías de verificación y validación (el proceso completo se comenta en el Apartado 1.5).

ACTIVIDAD PROPUESTA 1.3.	Principios de auditoría
¿Qué sucede si no se respeta alguno de los principios de auditoría? ¿Cómo afecta a la eficacia de esta?	

ACTIVIDAD PROPUESTA 1.4.	Formación y mentalización
¿Qué actividades de formación y de mentalización habría que llevar a cabo en una empresa para implantar un plan completo de auditorías?	

1.3. CAPACITACIÓN DEL AUDITOR INTERNO Y EXTERNO

Antes de comentar las características de los auditores, hay que conocer las distintas personas o grupos que intervienen en las auditorías, para lo que se recurre a las definiciones de ISO 19011:

- **Auditor:** persona que lleva a cabo una auditoría.
- **Equipo auditor:** una o más personas que llevan a cabo una auditoría con el apoyo, si es necesario, de expertos técnicos. Se designa a un auditor del

equipo como auditor líder de este. El equipo auditor puede incluir auditores en formación.

- **Experto técnico:** persona que aporta conocimientos o experiencia específicos al equipo auditor que se relacionan con el objeto de la auditoría o su contexto. Un experto técnico no actúa como un auditor.
- **Observador:** persona que acompaña al equipo auditor, pero que no actúa como auditor.
- **Auditado:** organización que es auditada en su totalidad o partes.

Las auditorías complejas suelen llevarlas a cabo equipos de auditores, por lo que la figura del auditor jefe, que requiere unas determinadas cualificaciones, es importante desde el punto de vista práctico.

Una parte de la formación de los auditores es la asistencia a auditorías, de ahí que sea habitual que formen parte de los equipos auditores, aunque no participen en la auditoría como tal, pues todavía no están cualificados para ello, así que los auditores suelen pedir permiso a la entidad auditada para que puedan asistir, dado el posible manejo de información sensible.

La asistencia de expertos debe ser acordada entre auditor y auditado, si se requiere un conocimiento especial para realizar la auditoría.

La figura del observador es fundamental, pues es la persona que acompaña al equipo auditor y facilita todo aquello que este pudiera necesitar para que la auditoría se desarrolle adecuadamente; en caso de conflicto, debe gestionarlo con el auditor jefe.

Es importante entender que la auditoría es una labor de equipo, lo ideal es que se trabaje en un clima de confianza, pero respetando la posición de cada una de las partes y los principios de auditoría.

Figura 1.5. La auditoría es una labor de equipo, con respeto y confianza, pero sin olvidar el papel de cada uno.

Al hablar de las auditorías legales y reglamentarias, se ha comentado la posibilidad de recusar al auditor, circunstancia que también puede darse en otros tipos de auditoría. En las internas, no suele ser un proceso tan formal, pero hay que evitar que haya conflictos de cualquier clase entre auditor y auditado; en el caso de las externas, hay que procurar lo mismo, pero la relación es entre empresas, la entidad de certificación y la empresa objeto de la auditoría, lo que hace que el proceso sea más formal y complicado, por lo que no hay que forzar estas situaciones, pero hay que evitar que las malas prácticas del auditor den al traste con la auditoría.

Un elemento que hay que tener en cuenta, especialmente en las auditorías externas, es a los auditores. Los auditores externos son personas ajenas a la empresa que van a auditar, cuyo trabajo puede ser percibido como una amenaza o, al menos, como un *examen,* es alguien que va a revisar el trabajo de otros y a nadie le suele gustar que lo fiscalicen, de ahí que su aspecto deba ser lo más neutro posible evitando la presencia de determinados símbolos; puede parecer absurdo, sin embargo, si el auditor lleva el escudo del equipo de fútbol que ha ganado por 7 a 0 al equipo del auditado, puede surgir un conflicto totalmente ajeno a la auditoría, pero que la entorpecería.

Aunque los auditores deben tener, con carácter general, unas características comunes, que se comentan en los apartados siguientes, hay que ser consciente de las importantes diferencias entre los auditores internos y externos y entre los auditores de sistema, de proceso y de producto.

Los auditores externos son personas ajenas a la empresa que van a auditar y que se rigen por las normas de su propia empresa en cuanto a comportamiento y a ciertos aspectos de la metodología de las auditorías, pero los auditores internos pueden ser personas de la propia empresa, lo que tiene la ventaja, y el inconveniente, del conocimiento de procesos y personas y puede dar lugar a que, en algunos casos, sea muy difícil garantizar la independencia y la ausencia de sesgos, lo que, unido a ciertas reticencias respecto a las auditorías, puede dificultar su desarrollo, especialmente de las de sistema y proceso.

El representante de la dirección, la persona en la que la alta dirección delega la responsabilidad del correcto desempeño del SGA, debe analizar la situación y proponer que los auditores internos sean de la empresa o personal subcontratado. En caso de que sea personal de la empresa, esta debe proponer a aquellas personas a las que hay que formar como auditores internos (de proceso y de sistema), de acuerdo con sus mandos y teniendo en cuenta que esta tarea deberá realizarse además de las que cada una de dichas personas tenga asignadas; por esta razón, muy pocas empresas pueden tener personal dedicado a tiempo completo, o casi, a hacer auditorías.

El personal subcontratado, en caso de elegir esta opción, debe dedicarse a las auditorías de sistema, pues las de proceso es recomendable que las haga el personal de la empresa.

En el caso de las auditorías de producto, la situación puede ser distinta, ya que hay empresas, por ejemplo, del sector del automóvil, en las que las auditorías internas de proceso y de sistema presentan ciertas dificultades que hay que gestionar con cuidado, mientras que, en las auditorías de producto, se encuentran perfectamente establecidas.

En las empresas citadas, la selección de los auditores de producto, personal de la plantilla, es muy exigente, ya que tienen que pasar una formación teórica y práctica y una prueba en la que demuestran su capacidad para inspeccionar y su conocimiento del estándar que se aplica. Una vez certificados como auditores, tienen que revalidar su habilidad técnica cada tres años con una nueva prueba de evaluación; una muy buena práctica que debería aplicarse a todos los auditores (aunque no suele hacerse).

Figura 1.6. El auditor no es un monstruo ni una amenaza, sino un profesional formado que contribuye a la mejora del sistema.

La capacitación de los auditores internos y externos del SGA es clave para garantizar que las auditorías se realicen de manera efectiva, objetiva y conforme a los estándares establecidos y a los principios de auditoría; los auditores deben tener formación teórica, habilidades prácticas y sociales y experiencia para desempeñar su papel de manera adecuada.

El documento base para las auditorías, en el que también se habla de auditores, como es lógico, es la norma ISO 19011 en su versión del 2018 —que es la que está en vigor en el momento de escribir la presente obra—. Es de esperar que el alumnado ya esté familiarizado con ella (Actividad propuesta 1.1), por lo que, en los apartados siguientes, se va a plantear una serie de indicaciones y comentarios de índole práctica, fruto de una larga experiencia en auditorías de distinto tipo y con distintos roles.

1.3.1. Requisitos previos

Los requisitos previos son aquellos que una persona debe poseer como bagaje antes de convertirse en auditor interno y externo o auditor jefe.

Hay un aspecto evidente, pero que conviene recordar: a los auditores internos los selecciona y forma la empresa, mientras que a los externos la entidad auditora o certificadora, tanto si se contratan sus servicios dentro de un proceso de certificación como si se contratan para hacer auditorías internas.

En el caso de los auditores internos, los procedimientos y procesos del SGA de la empresa deben recoger, como información documentada, los criterios de selección y formación de auditores.

La información documentada es, según ISO 14001, la información que una empresa tiene que controlar y mantener, y puede hacer referencia al SGA, incluidos los procesos relacionados con él, la información generada fruto de las operaciones y la evidencia de los resultados alcanzados (registros).

En el caso de los auditores externos, estas funciones corresponden a la entidad de auditoría y certificación, que debe ponerlos a disposición de sus clientes para garantizar la validez de las auditorías.

Se pueden considerar tres grandes grupos de requisitos previos:

1. Conocimientos básicos.
2. Experiencia.
3. Habilidades personales.

A continuación, se comentan sus aspectos más importantes.

➤ Conocimientos básicos

Aquellos sobre temas ambientales y otros relacionados con la empresa o empresas (el sector de actividad) que se van a auditar:

- **Normativa y legislación ambiental:** conocimiento básico de la legislación y reglamentación ambiental aplicable.
- **Sistema de gestión ambiental:** comprensión de los requisitos de la norma ISO 14001 o EMAS, ya que es fundamental un profundo conocimiento de la normativa según la cual se ha definido el SGA.

- **Procesos:** familiaridad con los procesos, productos y servicios de la empresa, conocimiento básico del sector.
- **Informática y TIC:** manejo de las herramientas de información y comunicación, pues cada vez se hacen más auditorías en remoto.

Con respecto a la legislación y normativa (cumplimiento legal), hay que tener en cuenta lo que indica la norma ISO 19011 en su Apartado 7.2.3.2, «los conocimientos y las habilidades en esta área permiten al auditor ser consciente de los requisitos de la organización y trabajar de acuerdo con ellos. Los conocimientos específicos deberían cubrir lo siguiente:

- Los requisitos legales y reglamentarios.
- La terminología legal básica.
- Los contratos y la responsabilidad legal».

Sin olvidar que «ser consciente de los requisitos legales y reglamentarios no implica ser experto en temas legales, y una auditoría de un sistema de gestión no debería tratarse como una auditoría de cumplimiento legal».

El cumplimiento legal es un requisito de los diversos sistemas de gestión, pero no solo afecta al SGA o a otros sistemas, ya que el cumplimiento legal y normativo de las empresas *(compliance)* ha ido tomando protagonismo hasta tal punto que ISO emitió la norma 19600:2014, que ha sido sustituida por la 37301 de 2021.

La observación es importante porque una auditoría de un SGA según ISO 14001 o EMAS incluye el cumplimiento legal exclusivamente de temas ambientales, por lo que no debe considerarse como una auditoría de *compliance* según ISO 37301.

La formación sobre ISO 14001 o EMAS la imparten diversas empresas, ya que los cursos semanales de unas 40 horas son suficientes.

En cuanto al conocimiento del sector que hay que auditar, requiere una cierta experiencia profesional en las empresas que lo conforman, preferiblemente en áreas operativas, como se comenta a continuación.

➤ Experiencia laboral

- Experiencia de, al menos, 2-3 años en puestos relacionados con la gestión ambiental.
- Participación en auditorías, ya que es deseable haber participado en auditorías internas o externas como parte del equipo auditor y como auditado para estar familiarizado con la actividad.

➤ Habilidades personales

- **Objetividad:** capacidad para mantener la imparcialidad y la independencia.
- **Comunicación:** habilidades para comunicarse de manera clara y efectiva.
- **Análisis:** capacidad para analizar información y tomar decisiones basadas en evidencias.

Ya se tiene una idea de qué conocimientos previos es deseable que tenga un auditor y de algunas de sus características personales, pero hay que profundizar un poco más.

¿Qué son las *soft skills*? Las *soft skills* (habilidades blandas) hacen alusión, de forma muy resumida, a las habilidades sociales. Algunos autores distinguen tres tipos de *soft skills* —interpersonales, sociales y metódicas— que responden a las siguientes preguntas: ¿cómo actúas individualmente?, ¿cómo actúas en grupo o en equipo? y ¿cómo te enfrentas a los desafíos? En la Figura 1.7, se muestran algunas *soft skills* de especial importancia en el mundo laboral.

Las *soft skills* no se pueden justificar con diplomas o títulos, se demuestran actuando y son fundamentales en un mundo laboral en el que cada vez se prima más el trabajo en equipo y la colaboración sea *online* o presencial.

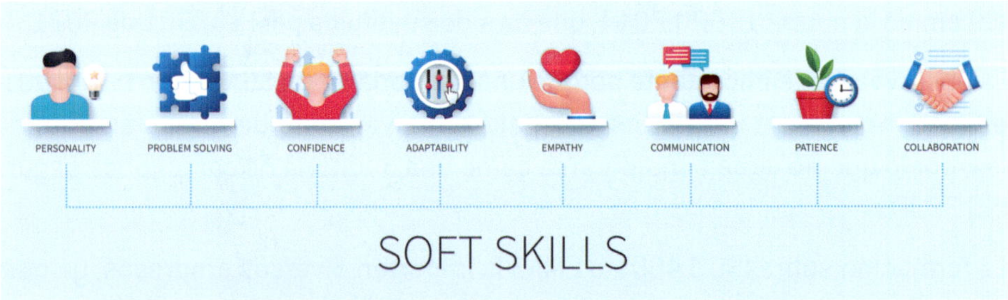

Figura 1.7. *Soft skills:* personalidad, capacidad de resolución de problemas, confianza, adaptabilidad, empatía, comunicación, paciencia y colaboración.

Por contraposición, se habla de *hard skills* para hacer referencia a conocimientos demostrables mediante títulos, diplomas, certificados, etcétera.

El conocimiento es muy importante, pero, si no se colabora, no sirve de nada, de ahí la importancia de las habilidades *blandas*.

Para terminar, una observación: el auditor debe entender y tener muy claro que su función es auditar y, en todo caso, aconsejar respetando a la empresa auditada, ya que su papel no consiste en decir al auditado lo que debe o no debe hacer más allá del alcance del SGA.

ACTIVIDAD PROPUESTA 1.5.	***Soft skills***
Navega por internet buscando información sobre *soft skills;* puedes empezar consultando el siguiente enlace: https://www.ionos.es/startupguide/productividad/soft-skills.	

1.3.2. Formación y habilidades

El presente apartado se va a enfocar desde el punto de vista de las *hard skills* y *soft skills,* según se han definido en el Apartado 1.3.1, pero profundizando un poco más en las interpersonales, sociales y metódicas, y poniendo de manifiesta la dificultad que pueden encontrar las empresas, especialmente las pymes, para encontrar auditores internos entre su personal, lo que ofrece un motivo de reflexión sobre los criterios utilizados a la hora de seleccionar personal.

Este es un buen momento para hacer un comentario que puede facilitar las cosas en la práctica. Las entidades de certificación (como AENOR, BSI, LRQA y otras muchas) son empresas o grupos que ofrecen distintos servicios en los que suelen estar incluidos la formación, la inspección, las auditorías y la certificación; una vez elegida una de ellas, para certificar el SGA, conviene que la formación de los auditores internos la imparta la misma empresa o grupo, no es nada raro ni indebido, es que conviene tener un lenguaje común y un modo de hacer reconocido por ambas partes (se volverá sobre este tema en el Apartado 1.5).

Las habilidades *duras* se van a clasificar en tres grupos, tomando como referencia del SGA la norma ISO 14001, en caso de trabajar con EMAS, se pueden aplicar los mismos conceptos; la clasificación se hace a criterio del autor con la única finalidad de facilitar el entendimiento de la formación que debe poseer un auditor y un auditor líder.

- **Cursos de formación:** son las actividades formativas a las que debe asistir una persona que quiera cualificarse como auditor, de las que se indica su contenido y su objeto de forma muy resumida.
  - **Norma ISO 14001:** conocimiento profundo de los requisitos y principios de la norma.
  - **Auditor interno ISO 14001:** formación específica sobre los requisitos de la norma ISO 14001 y las técnicas de auditoría.
  - **Auditor líder ISO 14001:** formación avanzada que incluye la gestión del equipo de auditoría.

  - **Legislación ambiental:** normativa ambiental aplicable, de carácter general en España o donde se vaya a auditar.
  - **Herramientas de auditoría:** conocimiento y uso de herramientas y técnicas de auditoría (listas de verificación, entrevistas, muestreo, auditorías *online,* etcétera).
  - **Evaluación de riesgos:** capacidad para identificar y evaluar riesgos ambientales, métodos de análisis de riesgos.
- **Certificaciones:** que acreditan la condición de auditor, expedidas por un organismo reconocido.
  - **Certificación como auditor interno ISO 14001:** emitida por organismos acreditados.
  - **Certificación como auditor líder ISO 14001:** emitida por organismos como IRCA (International Register of Certified Auditors).
- **Formación continua:** para mantenerse actualizado en normativa, legislación y metodologías.
  - **Actualización legal y normativa:** cursos y seminarios para mantenerse actualizado con cambios en la normativa y estándares.
  - **Talleres prácticos:** talleres y simulaciones de auditorías.

No se ha hecho diferencia entre auditores internos y externos, pues la posibilidad de subcontratación de las auditorías internas elimina prácticamente la diferencia entre ambos roles; no obstante, se debe tener en cuenta la ocupación principal del auditor a la hora de diseñar un plan de formación.

Un auditor del SGA, o de otros sistemas de gestión, es una persona altamente cualificada, que une lo antes citado a lo indicado en los requisitos previos y que, en muchos casos, sobre todo en los auditores externos, añade un título académico.

Cuando se decide implantar un SGA en la empresa y certificarlo, lo recomendable es dirigirse a empresas de reconocido prestigio que dispongan de auditores formados y experimentados, pero, como ya se ha indicado, en el caso de los auditores internos, y de las pymes, no es tan fácil, por lo que los planes de formación son fundamentales para poder disponer del personal necesario.

Pero no basta con saber, hay que ser capaz de aplicarlo, de trabajar en equipo, etc., y aquí es donde intervienen las habilidades *blandas.* En la Figura 1.8, se muestra un listado de estas según la clasificación extraída de la fuente indicada en la Actividad propuesta 1.5.

Personales	Sociales	Metódicas
• Resiliencia • Responsabilidad • Compromiso • Motivación • Curiosidad • Autodisciplina	• Empatía • Capacidad de integración • Dotes de comunicación • Aceptar la crítica • Conocimiento de la naturaleza humana • Trabajo en equipo • Interactuar correctamente	• Capacidad analítica • Organización • Técnicas de presentación • Resolución de problemas • Gestionar el estrés • Adaptación a las nuevas tecnologías

Figura 1.8. Listado de habilidades personales, sociales y metódicas *(soft skills)*.

Lo ideal sería que los auditores tuvieran la mayoría de las habilidades mostradas en la Figura 1.8, que no es la única manera de enfocar las *soft skills,* pero, como lo deseable no siempre es lo posible, conviene reflexionar sobre lo que se podría definir como el *mínimo imprescindible.*

Aunque es probable que no haya un criterio único sobre las características del auditor y, teniendo en cuenta lo indicado en el Apartado 1.3.1 respecto a las habilidades personales, objetividad, comunicación y capacidad de análisis, se propone seleccionar personas que tengan las siguientes características:

- **Personales:** responsabilidad, compromiso y autodisciplina.
- **Sociales:** empatía, comunicación y trabajo en equipo.
- **Metódicas:** capacidad analítica, organización, resolución de problemas y adaptación a las nuevas tecnologías (y a las TIC).

Además, deben ser personas objetivas e íntegras en su forma de actuar.

En general, las habilidades *blandas* se pueden educar y mejorar, pero, si no se poseen, es muy difícil adquirirlas; no obstante, en la mayoría de las personas, se puede provocar la motivación y el compromiso, y se puede mejorar la comunicación y aprender las técnicas de resolución de problemas.

Cuando una empresa contrata personal, no siempre tiene en cuenta la posible proyección y crecimiento de las personas. Se suelen tener en cuenta las aptitudes (conocimientos), pero no siempre las actitudes, que es donde se manifiestan las habilidades *blandas;* es un tema sobre el que reflexionar, pues una mala actitud eclipsa totalmente las mejores aptitudes.

¿Es aplicable lo visto a los auditados o al observador?

Una larga experiencia en auditorías, como auditor, acompañante u observador y auditado, muestra que no todo el mundo es capaz de participar en una auditoría como auditado. Los nervios, el afán de protagonismo, el desconocimiento de la mecánica de la actividad y otras muchas circunstancias pueden dar lugar a comportamientos inadecuados; lo mismo cabría decir del observador, cuyo papel es facilitar la auditoría y mediar en los conflictos, si los hubiera, pero, casi sin ser notado, su papel es importante, aunque en segundo lugar.

Se deja como motivo de reflexión al alumnado la definición de las características deseables para ambas figuras.

ACTIVIDAD PROPUESTA 1.6.	Formación de auditores
Busca información sobre la formación de auditores, preferiblemente formación certificada.	

1.3.3. Prácticas

En los apartados anteriores, se han analizado las figuras de auditor interno y externo desde el punto de vista de sus cualidades personales y de su formación, lo que también ha servido para plantear una reflexión sobre las características de auditados y observadores; pero la auditoría es una actividad que presenta múltiples matices que solo se pueden aprender con la práctica, pues se desarrolla con personas y en entornos distintos. Hay unas reglas generales, pero cada auditoría tiene sus tonos, es como una partitura interpretada por diferentes orquestas en auditorios distintos.

Figura 1.9. La misma música varía según los intérpretes y el sitio, por eso los auditores deben formarse practicando con *orquestas* y entornos diferentes.

Para formarse como auditor del SG, es fundamental completar la teoría con la práctica, lo que permite desarrollar las habilidades necesarias y obtener experiencia en la realización de auditorías.

A continuación, se presentan recomendaciones sobre las prácticas que deben realizar las personas que aspiran a ser auditores del SGA, ya sean internos o externos, no se va a hacer distinción entre ambos roles, quedando a criterio del responsable, en cada caso, aplicar la formación más adecuada; se plantea en forma de lista para que sirva de guía a la hora de hacer planes de formación de los futuros auditores y en el orden en que es recomendable hacer las distintas actividades.

➤ Simulacros de auditorías

El objetivo es practicar las técnicas de auditoría en un entorno controlado.

Recomendaciones:

- **Organizar simulaciones:** participar en ejercicios de simulación de auditorías como si fueran reales.
- **Asumir distintas posiciones:** cambiar de auditor a auditado para comprender ambas perspectivas.
- **Utilizar listas de verificación:** practicar con listas de verificación para asegurarse de que se cubren todos los aspectos relevantes.
- **Recibir retroalimentación:** analizar la retroalimentación de colegas y supervisores para mejorar el desempeño.

➤ Participación en auditorías interna

El objetivo es familiarizarse con el proceso de auditoría y aplicar los conocimientos teóricos en un entorno real.

Recomendaciones:

- **Colaborar con el equipo de auditoría:** participar como observador o asistente en auditorías internas del SGA.
- **Revisar documentación:** practicar la revisión de documentos como políticas, procedimientos, registros e informes ambientales.
- **Realizar entrevistas:** participar en entrevistas con empleados para recopilar información y verificar el cumplimiento de los requisitos del SGA.
- **Elaborar informes:** contribuir a la redacción de informes de auditoría, identificando hallazgos, no conformidades y oportunidades de mejora.

➤ Auditorías de segunda parte (Tabla 1.1)

El objetivo es ganar experiencia en la auditoría de proveedores y otras empresas.

Recomendaciones:

- **Participar en auditorías a proveedores:** acompañar a auditores experimentados en la evaluación de proveedores o contratistas.
- **Evaluar el cumplimiento:** verificar que los proveedores cumplen con los requisitos ambientales establecidos por la organización.
- **Elaborar informes:** documentar los hallazgos y recomendaciones para mejorar el desempeño ambiental de los proveedores.

➤ Auditorías de tercera parte (Tabla 1.1)

El objetivo es adquirir experiencia en auditorías de certificación, inspección o verificación externa.

Recomendaciones:

- **Colaborar con organismos de certificación:** participar en auditorías de certificación ISO 14001 o EMAS bajo la supervisión de un auditor líder.
- **Aprender de auditores líder:** observar y aprender las técnicas y enfoques utilizados por auditores líder experimentados.
- **Contribuir en la evaluación:** participar activamente en la recopilación de evidencias y la elaboración de conclusiones.

Figura 1.10. El mentor, maestro, guía, tutor o consejero es una figura realmente importante, aunque de muy escaso uso en la empresa.

➤ Mentoría y acompañamiento

El objetivo es aprender de auditores experimentados y recibir orientación personalizada.

Recomendaciones:

- **Buscar un mentor:** un auditor experimentado que pueda guiar y asesorar en el desarrollo de habilidades.
- **Participar en reuniones de planificación:** acompañar al mentor en la planificación y preparación de auditorías.
- **Retroalimentación:** solicitar retroalimentación después de cada práctica o auditoría.

➤ Autoevaluación y mejora continua

El objetivo es identificar fortalezas y áreas de mejora para desarrollar competencias.

Recomendaciones:

- **Realizar autoevaluaciones:** utilizar herramientas de autoevaluación para identificar áreas de mejora en conocimientos y habilidades.
- **Establecer un plan de desarrollo:** definir objetivos concretos y un plan de acción para mejorar las competencias como auditor.
- **Formación continua:** cursos, talleres y seminarios para mantenerse actualizado con cambios en la normativa y estándares.

➤ Participación en comunidades profesionales

El objetivo es ampliar conocimientos y establecer contactos con otros profesionales.

Recomendaciones:

- **Asociaciones:** participar en asociaciones profesionales relacionadas con la gestión ambiental y la auditoría (por ejemplo, IRCA y AEC).
- **Eventos:** participar en conferencias, talleres y seminarios para aprender de expertos y compartir experiencias.
- **Redes profesionales:** establecer contactos con otros auditores para intercambiar conocimientos y mejores prácticas.

➤ Prácticas específicas por área de conocimiento

- **Evaluación de riesgos ambientales:** identificación y evaluación de riesgos ambientales en diferentes procesos y actividades.
- **Revisión de documentación:** revisiones detalladas de documentos como políticas ambientales, procedimientos, registros e informes.
- **Entrevistas y comunicación:** practicar técnicas de entrevista para mantener una comunicación clara con los auditados.
- **Muestreo y verificación:** aprender a seleccionar muestras representativas y verificar la conformidad con los requisitos del SGA.

La propuesta de formación es realmente ambiciosa, pero su objetivo es mostrar la formación práctica que debería poder hacer todo auditor, del SGA o de cualquier otro sistema de gestión. En el caso de los auditores externos, que prestan sus servicios en empresas de certificación, auditoría e inspección, es relativamente sencillo llevarlo a cabo, mientras que, en el caso de auditores internos, que en muchos casos comparten las labores de auditoría con su trabajo cotidiano, no lo es tanto, pero, en cualquier caso, se pueden elegir y planificar las acciones formativas más adecuadas en cada caso, que deben reflejarse en la documentación (procedimientos y procesos, si procede) del SGA.

ACTIVIDAD PROPUESTA 1.7.	Mentor
Investiga sobre la figura del mentor en la empresa y sus actividades.	

1.4. METODOLOGÍA DE AUDITORÍA INTERNA

Es de esperar que el alumnado esté familiarizado con las normas ISO 14001 y 19011 y con el sistema EMAS; si no los recuerda bien, conviene leer estos documentos nuevamente, pues son el marco en el que se va a desarrollar el presente apartado: un SGA según ISO 14001:2015, requisito previo para el registro EMAS, y el tratamiento de las auditorías según ISO 19011:2018.

La metodología de auditoría interna es un conjunto de procedimientos y técnicas sistemáticas que permiten evaluar adecuadamente el SGA y que garantiza que las auditorías se realicen de manera estructurada, garantizando la identificación de no conformidades, la valoración de evidencias y la elaboración de informes.

Al igual que los estándares de gestión ISO, la norma ISO 19011, Directrices para las auditorías de los sistemas de gestión, puede ser considerada como un manual de buenas prácticas, exigente y exhaustivo, pero muy adecuado como guía.

La citada norma define su objeto de la siguiente manera:

- Este documento proporciona orientación sobre la auditoría de los sistemas de gestión, incluyendo los principios de la auditoría, la gestión de un programa de auditoría, la realización de estas y orientación sobre la evaluación de la competencia de las personas que participan en el proceso de auditoría.
- Es aplicable a todas las empresas que necesitan planificar y realizar auditorías internas o externas de sistemas de gestión, o gestionar un programa de auditoría (lo que hace que sea de aplicación general).
- La aplicación de este documento a otros tipos de auditorías es posible, siempre que se preste especial atención a la competencia específica necesaria.

En apartados anteriores, se han comentado los aspectos relativos a los auditores, por lo que, en este y los siguientes, se van a tratar los distintos aspectos de la actividad de auditoría en sí misma.

Los puntos 5 y 6 de la norma, que tratan sobre la gestión de un programa de auditoría y la realización de una auditoría, respectivamente, se ocupan de la forma de gestionar y realizar dicha actividad y sus distintos apartados se van a tomar como referencia para el desarrollo de los siguientes temas.

El punto 5 (gestión de un programa de auditoría) indica cómo hacer la preparación de la auditoría a partir de la elaboración del programa y de sus múltiples aspectos y el punto 6 (realización de una auditoría) desarrolla las actividades para una correcta ejecución de esta.

Como ya se ha indicado, la norma hace un planteamiento exhaustivo de la actividad de auditoría considerando las auditorías combinadas, las de múltiples ubicaciones y las virtuales, por lo que conviene comentar las siguientes definiciones:

- **Auditoría:** proceso sistemático, independiente y documentado para obtener evidencias objetivas y evaluarlas de manera objetiva con el fin de determinar el grado en que se cumplen los criterios de auditoría (que, en el caso presente, son los requisitos de ISO 14001).
- **Auditoría combinada:** auditoría llevada a cabo conjuntamente a un único auditado en dos o más sistemas de gestión (un sistema de gestión es integrado cuando dos o más sistemas específicos de una disciplina se integran en un único sistema; por ejemplo, SGA según ISO 14001 y calidad según ISO 9001).
- **Auditoría conjunta:** auditoría llevada a cabo por dos o más organizaciones auditoras a un único auditado.

- **Alcance de la auditoría:** extensión y límites de una auditoría que incluye la descripción de las ubicaciones físicas y virtuales, las funciones, las unidades de la empresa, las actividades y los procesos, así como el periodo de tiempo cubierto. Una ubicación virtual es un lugar donde la organización desempeña trabajo o presta un servicio usando un entorno en línea que permite a las personas ejecutar procesos con independencia de su ubicación física (aunque no se cita expresamente, este párrafo da pie a las auditorías en remoto, tan en auge desde la pandemia de la COVID).
- **Desempeño:** resultado medible (la evaluación del desempeño del SGA debe basarse en resultados objetivos, medibles y demostrables).

Hasta ahora, no se había hecho referencia a los posibles tipos de auditoría, salvo a las realizadas en remoto al hablar de las habilidades y conocimientos del auditor, por lo que se va a continuar con un planteamiento general, que deberá adaptarse, en los casos que proceda, a las distintas auditorías, que, por lo demás, se llevan a cabo de forma enteramente similar.

Figura 1.11. Es muy conveniente que la metodología de la auditoría siga las indicaciones de ISO 19011.

El contexto en el que van a comentarse los distintos temas es el de una empresa con un SGA según ISO14001, sometido a las auditorías externas posteriores a la de certificación del sistema, lo que implica, como se indica a continuación, que hay que considerar los calendarios de las auditorías internas y las externas.

1.4.1. Planificación de la auditoría interna y externa

El Apartado 6.3.2 de ISO 19011 se denomina *Planificación de la auditoría* y está dividido en dos subapartados: 6.3.2.1, Enfoque basado en riesgos para la planificación, y 6.3.2.2, Detalles de la planificación de la auditoría.

En el primero, se comentan los riesgos inherentes a la auditoría; en su análisis, que debe basarse en el programa de esta y en la información documentada que proporcionan los auditados, el concepto de *riesgo* que se considera es el que se deriva de la posibilidad de no cumplir los objetivos de la auditoría. Es un planteamiento que puede parecer demasiado formalista, al llevar al extremo el enfoque basado en riesgos de los estándares de gestión aplicándolo a la actividad de auditoría.

No obstante, plantea la preocupación de que la auditoría no se desarrolle por los cauces adecuados y los consiguientes perjuicios para el auditado, derivados de una mala planificación o de una mala práctica por parte del equipo auditor, no tanto referida a la práctica de la auditoría en sí misma como a posibles interferencias con sus procesos, como la posible contaminación de espacios limpios que cita la norma; si en el programa de auditoría se incluye la visita del equipo auditor a una determinada zona de las instalaciones del auditado a la que las personas solo pueden entrar de una en una, hay que revisar el programa y adaptarlo a los procesos, pues las alternativas son no visitar la zona o contaminarla.

Desde este punto de vista, se puede resumir el apartado como la recomendación de revisar detalladamente el plan de auditoría para evitar interferencias no deseadas con los procesos que hay que auditar que pudieran desvirtuar el objeto de la actividad.

El Apartado 6.3.2.2 indica que el detalle y el programa de la auditoría pueden diferir entre las auditorías internas y externas y entre la auditoría de certificación y las posteriores, lo que es lógico al tener, generalmente, distintos alcances y objetivos, y recomienda que los planes de auditoría se presenten al auditado, mostrando cierta flexibilidad en aras de la eficacia.

En la práctica habitual de las auditorías voluntarias, lo normal es que el plan de auditoría se acuerde al hacer la planificación de estas, pero, en otras auditorías no tan voluntarias, como pueden ser ciertas auditorías de cliente o legales, el plan lo impone el auditor y, si se informa, se hace en el momento de la auditoría y, en ocasiones, *sin derecho a réplica.*

En la planificación de la auditoría, se deben tener en cuenta los aspectos formales, como el idioma, la confidencialidad, etc.; los aspectos logísticos, como desplazamientos, medios de comunicación, etc., y los estrictamente técnicos de la auditoría, según se indican en el citado apartado de la norma.

Aunque no se hace distinción entre auditorías internas y externas, solo a efectos de indicar las posibles diferencias, como ya se ha comentado, hay un aspecto que es clave en el proceso de planificación: el calendario.

El contexto en el que se plantean los presentes apartados es el de una empresa con un SGA según ISO14001, sometida a las auditorías externas posteriores a la de certificación del sistema, como se ha indicado anteriormente.

Hay que recordar que los certificados de sistemas de gestión tienen una validez de tres años, durante los cuales se hacen auditorías de seguimiento a intervalos regulares; por ejemplo, cada seis meses o anuales en sistemas complejos.

Se va a trabajar con los siguientes supuestos:

- El SGA se ha certificado y durante los próximos tres años (36 meses), a contar desde la fecha del certificado, hay que hacer auditorías externas de seguimiento cada seis meses.
- Las auditorías internas comienzan tras la certificación.
- El objetivo de las auditorías internas es revisar el sistema completo cada año.

Con estas premisas, se debe hacer el calendario de auditorías internas, pues el de las externas se suele pactar en la reunión de cierre de la certificación, fechas y contenidos, al menos, de la primera de ellas.

Los criterios para definir el orden de las auditorías internas variarán de una empresa a otra, pero parece lógico que, antes de la auditoría externa, se haya auditado internamente el área correspondiente.

Para no confundir los términos, hay que tener en cuenta las definiciones siguientes, tomadas de ISO 19011:

- **Programa de auditoría:** acuerdos para un conjunto de una o más auditorías planificadas para un periodo de tiempo determinado y dirigidas hacia un propósito específico.
- **Plan de auditoría:** descripción de las actividades y de los detalles acordados de una auditoría.

Como se puede apreciar, el programa se refiere a un conjunto de auditorías y el plan a una sola, pero, en el lenguaje (empresarial) cotidiano, la planificación puede abarcar una o varias actividades, de ahí que se haya incluido la referencia a los calendarios, que definen el marco temporal de actuación.

A modo de resumen, a continuación, se plantean los aspectos relevantes, desde un punto de vista estrictamente práctico, que deben guiar la planificación, que es la fase inicial en el proceso de auditoría y la que marca el camino que hay que seguir para un óptimo resultado.

Objetivos:

- **Definir el alcance:** estableciendo los límites de la auditoría, incluyendo las áreas, procesos y actividades que hay que revisar.
- **Identificar los recursos necesarios:** como personal, tiempo y medios materiales y técnicos.
- **Establecer los criterios:** como ISO 14001 que incluye la legislación ambiental aplicable y lo establecido en la documentación del SGA.

Fases:

a) **Revisión de la documentación del SGA:** que incluye la política ambiental, las normas y procedimientos, los procesos y los registros correspondientes (una propuesta de estructura del manual del SGA se puede ver en el libro de esta editorial *Puesta en marcha del sistema de gestión ambiental*).

b) **Identificación de los auditados:** identificar y comunicarse con los responsables de las áreas que se van a auditar.

c) **Elaboración del plan de auditoría:** es recomendable usar como guía la norma ISO 19011.

Recomendaciones:

- **Riesgos y oportunidades:** identificar posibles riesgos y oportunidades que puedan afectar a la auditoría, según se ha comentado anteriormente.
- **Flexibilidad:** mantener cierta flexibilidad en el plan para adaptarse a cambios o imprevistos durante la auditoría.

1.4.2. Programa de auditoría interna

ISO 19011:2018 dedica todo el punto 5 a la gestión del programa de auditoría, empezando por hacer notar que la extensión de un programa de auditoría debería basarse en el tamaño y la naturaleza del auditado, así como en la naturaleza, funcionalidad, complejidad, tipo de riesgos y oportunidades, y nivel de madurez de los sistemas de gestión que se van a auditar.

Hay dos aspectos del párrafo anterior que son especialmente relevantes, y lógicos: la adecuación del programa de auditoría al tipo de empresa y la influencia del nivel de madurez de esta, y la influencia del tamaño, complejidad y tipo de empresa es evidente, pero la influencia del nivel de madurez no se ha puesto de manifiesto hasta ahora.

La norma UNE 66177, sobre integración de sistemas de gestión, define el *nivel de madurez* como la medida de la capacidad de una empresa para alcanzar resultados mediante el conocimiento y experiencia en la aplicación de sistemas de gestión. La implantación de un SGA puede implicar un cambio importante en la empresa, cambio que necesita gestionarse y asentarse; si se parte de una empresa con un nulo nivel de madurez, se necesitará más tiempo y esfuerzo para su correcto funcionamiento y este hecho debe ser tenido en cuenta en las auditorías, sean internas o externas.

ISO 19011 define detalladamente los aspectos del programa de auditoría, sin olvidar, al igual que en el plan de auditoría, los riesgos inherentes al proceso, para cuya gestión utiliza el ciclo PHVA (planificar, hacer, verificar y actuar), también conocido con *PDCA* por sus siglas en inglés (*plan, do, chek* y *act*), que permite incorporar la mejora continua a la planificación y gestión de las auditorías.

Antes de presentar un resumen de los aspectos clave, como guía práctica, conviene recordar que la forma de hacer los planes y programas de las auditorías debe estar recogida en la documentación, en el manual, del SGA.

Figura 1.12. El programa de auditorías y el plan de cada una de ellas es una labor de equipo que debe contemplar los riegos inherentes a la actividad.

El programa de auditoría interna es un documento que establece las actividades y el cronograma para la realización de auditorías internas en un periodo determinado. Este programa garantiza que todas las áreas y procesos del SGA sean auditados de manera regular y sistemática.

Componentes del programa:

- **Frecuencia de las auditorías:** establecer la frecuencia con la que se realizarán las auditorías, considerando la importancia y el riesgo de cada área; como ya se ha indicado, se trata de que se revise el sistema completo a lo largo de un año, coordinándolo con las auditorías externas posteriores a la de certificación.

- **Asignación de responsabilidades** designar a los auditores responsables de cada auditoría y definir sus roles y responsabilidades, así como las del observador.
- **Recursos necesarios:** identificar los recursos necesarios, como personal, tiempo, presupuesto, etc., especialmente si se subcontratan las auditorías internas; el papel del administrador del SGA es clave para coordinar al personal interno y externo.

Desarrollo del programa:

- **Identificación de las áreas que se van a auditar:** listar todas las áreas, procesos y actividades que serán auditadas.
- **Cronograma:** establecer un cronograma detallado con indicación de las fechas de inicio y fin de cada auditoría.
- **Comunicación:** comunicar el programa a todas las partes interesadas relevantes (auditados y responsables de las correspondientes áreas especialmente) para asegurar su colaboración y preparación.

Seguimiento y control:

- **Seguimiento:** realizar un seguimiento regular del progreso del programa de auditoría.
- **Revisión y ajuste:** controlar y ajustar el programa según sea necesario para garantizar su efectividad y relevancia.

La figura del administrador del SGA, antes citada, es una de las dos figuras clave en el funcionamiento del SGA, la otra es el representante de la dirección (RD).

El RD es el responsable, por delegación de la alta dirección, del correcto desempeño del SGA, mientras que el administrador del sistema es el encargado de las tareas técnicas y del seguimiento y control del SGA, por lo que su papel es clave, el de ambos, pero sobre todo el del administrador en la elaboración del programa de auditoría y la coordinación de estas, sean internas o externas, tareas que hace por delegación del RD, bajo su supervisión y con su apoyo.

Los programas de auditoría y sus correspondientes planes son un trabajo de equipo en el que participan auditores, auditores líderes, observadores y responsables del SGA, con la colaboración de las áreas implicadas.

El programa de auditoría, y su seguimiento y control, así como el resultado de la actividad, es uno de los documentos de entrada para la revisión por la dirección, reunión periódica de análisis del desempeño del SGA y de toma de las acciones que proceda, sobre el sistema; es un requisito de ISO 14001.

1.4.3. Búsqueda y evaluación de evidencias de auditoría

ISO 19011, en su Apartado 5.5.3, indica que los responsables de los programas de auditoría deben determinar los métodos (de auditoría) que se van a emplear dependiendo de los objetivos, el alcance y los criterios de la auditoría y, en el Apartado 6.4.7, afirma que solo debe aceptarse como evidencia la información sujeta a algún grado de verificación.

Para utilizar las palabras con propiedad, hay que recordar las siguientes definiciones:

- **Evidencia objetiva:** datos que respaldan la existencia o veracidad de algo y que puede obtenerse por medio de la observación, medición, ensayo u otros medios; generalmente, se compone de registros, sean resultado de mediciones o informes de actividades.
- **Evidencia de la auditoría:** registros, declaraciones de hechos o cualquier otra información que sea pertinente para los criterios de auditoría y verificable.
- **Hallazgos de la auditoría:** resultados de la evaluación de la evidencia de la auditoría recopilada frente a los criterios de auditoría, que indican conformidad o no conformidad; la conformidad implica el cumplimiento de un requisito y la no conformidad su incumplimiento.

Antes de comentar las definiciones, hay que conocer los métodos de auditoría utilizados para obtener los correspondientes hallazgos que permiten detectar las conformidades y las no conformidades.

En la Tabla A.1 del Apartado A.1 de ISO 19011, se muestra un resumen de los métodos de auditoría clasificados según esta se haga *in situ* o en remoto y con o sin interacción humana, pero que se pueden resumir en los siguientes, que en cada caso hay que adaptar a las circunstancias de la auditoría:

- Revisión documental.
- Observación del trabajo de las personas.
- Visitas al área auditada.
- Listas de verificación y cuestionarios.
- Entrevistas.
- Muestreos.

En el Apartado A.5, se indica que la información debe ser completa, correcta, coherente y actual y, en el Apartado 6.4.8, se indica que las no conformidades deben categorizarse.

Con este bagaje, ya se pueden extraer conclusiones sobre la búsqueda y evaluación de las evidencias de la auditoría.

En primer lugar, hay que reseñar que la verdadera finalidad de la auditoría no suele ser encontrar fallos, sino comprobar que las tareas se hacen bien y, en todo caso, detectar tendencias o aspectos que requieren acción, para evitar males mayores; es importante tenerlo claro para comprender el tipo de categorías que se establecen para valorar las no conformidades, por ejemplo, mayor y menor.

Una no conformidad mayor es el incumplimiento de un requisito y una menor es una pequeña deficiencia en un proceso, por ejemplo; una no conformidad mayor es muy grave, pues el espíritu de la auditoría es que, si todo lo que se ha visto está bien, se asume que el resto también lo está, pero, si se encuentra un fallo grave, puede haber más y esto puede dar lugar a auditorías más detalladas y profundas, a la pérdida del certificado del SGA, etcétera.

Figura 1.13. Una no conformidad mayor se interpreta como una falta de control del SGA, de ahí su gravedad.

Por supuesto, la evaluación de los hallazgos y la categorización de las no conformidades se hace teniendo en cuenta el análisis de riesgos y el enfoque a procesos, que debe permitir establecer la trascendencia de los hallazgos.

En el programa de auditoría, hay que establecer los métodos que se van a utilizar, de modo que sean adecuados al alcance y el tipo de auditoría, pues, en esta norma, ya se contemplan claramente las auditorías en remoto.

Sea cual sea el tipo de auditoría, las evidencias deben ser objetivas y demostrables; la objetividad se refiere a que cualquier auditor o equipo las considere del mismo modo, no cabe la subjetividad, y son demostrables cuando están debidamente documentadas, pero, para ello, es fundamental que la información de partida utilizada sea, como ya se ha indicado, completa, correcta, coherente y actual, pues, en caso contrario, las evaluaciones y juicios no serán válidos.

En cuanto a los métodos de auditoría, hay que utilizar los que proceda, pero una secuencia habitual de una auditoría es la revisión de la documentación, la visita al sitio correspondiente y las entrevistas con los afectados, además de la observación del trabajo que ejecutan; es la secuencia habitual en las auditorías de proceso, ya comentadas, primero, comprobar que la documentación es conforme y, después, comprobar que se actúa de acuerdo con dicha documentación.

Del mismo modo que en los apartados anteriores, a continuación, se ofrece un resumen de los aspectos clave de la búsqueda y evaluación de las evidencias, que es fundamental en la auditoría, pues permite verificar el cumplimiento de los criterios e identificar no conformidades.

Tipos de evidencias:

- **Documentales:** fruto del análisis de la documentación del SGA.
- **Verbales:** obtenidas a través de entrevistas con empleados y responsables.
- **Observaciones:** fruto de la observación directa de procesos y actividades.

Técnicas de búsqueda (métodos de auditoría):

- **Documental:** revisar los correspondientes documentos del SGA para verificar el cumplimiento de los requisitos.
- **Entrevistas:** realizar entrevistas con empleados y responsables para recopilar información.
- **Observación directa:** de procesos y actividades para verificar su conformidad con los criterios de auditoría.

Evaluación de evidencias (hallazgos):

- **Verificación:** de que las evidencias recopiladas sean suficientes, adecuadas y relevantes.
- **Análisis:** para identificar no conformidades, observaciones y oportunidades de mejora.
- **Registro:** documentar los hallazgos correspondientes

En resumen, la elección de los métodos de auditoría facilita una correcta búsqueda de evidencias y obtención de hallazgos, que, una vez categorizados, permiten evaluar el *estado de salud* del SGA.

1.4.4. Fase documental de la auditoría

La importancia de la auditoría documental, por ejemplo, en un SGA según ISO14001, se debe a que la auditoría se hace para ver si se sigue la norma, pero la empresa trabaja con la documentación del SGA, incluyendo los registros de los distintos procesos y actividades y el cumplimiento legal. La documentación del sistema puede incluir normas, procedimientos y procesos e instrucciones que generan una serie de registros, que deben garantizar el correcto desempeño del SGA, si esta documentación falla, se pueden producir efectos no deseados.

Por ejemplo, un requisito ISO 14001 es el cumplimiento legal, pero, si el procedimiento seguido para detectar e implantar los cambios en la legislación vigente no permite garantizar la actualización de esta, es probable que se produzcan desviaciones graves.

Por eso las auditorías documentales comprueban que la información documentada del SGA cumple los requisitos de la norma, con una perspectiva de riesgo y de gestión por procesos, para detectar posibles peligros o carencias.

ISO 19011 pone de manifiesto la importancia de la disponibilidad de la información documentada y la comprobación por el equipo auditor, refiriéndose a ello tanto en la preparación como en la ejecución de la auditoría, según se indica a continuación.

En el Apartado 6.3.1, que se refiere a la fase de preparación de la auditoría, se indica que se debe revisar la información documentada relativa a la auditoría para comprender las operaciones que haya que auditar y preparar los documentos correspondientes y para tener una visión general que permita determinar inconsistencias.

En el Apartado 6.3.4, se insiste en la necesidad de recopilar la información documentada necesaria para la auditoría, la que corresponde a los procedimientos, procesos y áreas a auditar.

En los Apartados 6.4.5, 6.4.6 y 6.4.7, se vuelve sobre la información documentada, recalcando la necesidad de disponer de ella en el momento y lugar adecuados, que se debe revisar para ver si es conforme con los criterios de auditoría y para que sirva de apoyo durante esta, haciendo constar que, si no se puede disponer de ella en un tiempo prudencial, se puede incluso suspender la auditoría; como ya se ha comentado, solo se debe dar por buena aquella información que pueda ser verificada de algún modo.

En el Apartado A.5, como ya se ha indicado al comentar la forma de obtener las evidencias y los hallazgos, la información, para ser válida, debe ser:

- **Completa:** aporta todo lo necesario.
- **Correcta:** de acuerdo con fuentes fiables.
- **Coherente:** en sí misma y con la documentación relacionada.
- **Actual:** contenido actualizado.

La información documentada (la documentación que hay que auditar), además de tener ciertas características, debe reflejar fielmente los requisitos ISO y permitir el correcto desempeño del SGA.

Figura 1.14. La información para la auditoría debe ser completa, correcta, coherente y actual.

Ahora se propone un resumen práctico, que puede servir de guía. La fase documental de la auditoría implica la revisión y evaluación de documentos clave del SGA para verificar el cumplimiento de los criterios de auditoría.

Documentos que se deben revisar:

- **Política ambiental:** verificar que está documentada, es apropiada y se comunica a todos los empleados.
- **Objetivos y metas:** revisar los objetivos y metas ambientales para asegurarse de que son específicos, medibles, alcanzables, relevantes y temporales (modelo SMART, del inglés *specific, measurable, achievable, relevant* y *time-bound*).
- **Procedimientos:** evaluar los procedimientos del manual del SGA para asegurarse de que son adecuados y están correctamente implantados.
- **Registros:** revisar los registros; por ejemplo, de emisiones, residuos, consumo, recursos y formación, entre otros.

Técnicas de revisión (métodos de auditoría):

- **Revisión sistemática:** para asegurarse de que se cubren todos los aspectos relevantes.
- **Listas de verificación:** para garantizar que se revisan todos los requisitos y criterios.
- **Análisis de consistencia:** verificar que los documentos son consistentes entre sí y con los requisitos del SGA.

Documentar los hallazgos:

- **Registro:** documentar todos los hallazgos, incluyendo no conformidades, observaciones y oportunidades de mejora.
- **Evidencias:** incluir las evidencias que respalden los hallazgos, como copias de documentos, notas de entrevistas y fotografías.

Como resumen, se puede decir que la primera fase de una auditoría es la documental, para asegurarse de que la información de partida es correcta y conforme con el estándar correspondiente, ISO 14001 o EMAS, según los casos.

1.4.5. Desarrollo de la auditoría *in situ*

Aunque las auditorías virtuales son cada vez más frecuentes, y se han desarrollado y perfeccionado a raíz de la pandemia de la COVID, en muchos casos, se ha vuelto a las presenciales o *in situ,* por lo que es importante conocer sus peculiaridades y las formas de actuar que requieren.

Figura 1.15. Las auditorías *in situ* requieren un especial cuidado en su planificación y ejecución.

La norma ISO 19011 dedica todo el Capítulo 6 a la realización de una auditoría, indicando que dicho capítulo contiene recomendaciones sobre la preparación y realización de una auditoría específica, como parte de un programa, y que el grado de aplicación de las indicaciones hechas depende de los objetivos y alcance de la auditoría; es decir, como siempre en esta norma, se expone el tema de manera rigurosa y exhaustiva, pero se recomienda adaptarse a las características de la auditoría que se vaya a desarrollar.

El índice del capítulo marca la secuencia de actividades que hay que hacer para una correcta ejecución de la auditoría.

- **Inicio de la auditoría:** apartado que comienza estableciendo que la responsabilidad del desarrollo de la auditoría es del auditor líder, para comentar a continuación la forma de comunicarse con el auditado; aunque no se cita, hay una figura clave en este proceso que es el observador o acompañante con quien hay que negociar en primera instancia. En este mismo apartado, se analiza la viabilidad de la auditoría para comprobar si es razonable que se cumplan los objetivos de esta.
- **Preparación de las actividades de auditoría:** una vez comprobado que la auditoría es viable, se procede a la revisión documental y a hacer el plan de ejecución, con el enfoque de riesgo y teniendo en cuenta los procesos y se prepara la documentación necesaria.
- **Realización de las actividades de auditoría:** aquí sí se nombra a observadores y guías, indicando que hay que definir su papel, celebrando la reunión de apertura de la actividad, con especial mención a la correcta comunicación entre las partes y a la disponibilidad de la información (documentada), para su revisión, se comenta la obtención de evidencia y hallazgos y se llega a la reunión de cierre, donde se comentan las conclusiones de la auditoría.
- **Preparación y distribución del informe de la auditoría:** este punto y los dos siguientes se comentan en los Apartados 1.4.6 y 1.4.7.
- **Finalización de la auditoría.**
- **Realización de las actividades de seguimiento de una auditoría.**

Como se puede apreciar, la norma describe pormenorizadamente las actividades que hay que ejecutar, aunque se recomienda adaptar el plan a las características de la auditoría, no para ser poco riguroso, sino para que la auditoría sea proporcionada según el tipo de empresa y la complejidad del SGA.

Al igual que se ha hecho en los apartados anteriores, se propone una guía práctica resumida para facilitar la comprensión del proceso descrito.

El desarrollo de la auditoría *in situ* implica la realización de la actividad en las instalaciones de la organización, incluyendo la revisión documental, la de procesos, la realización de entrevistas y la observación de actividades.

Preparación:

- **Reunión de apertura:** realizar una reunión para presentar el equipo de auditoría, los objetivos y el alcance de la auditoría; dependiendo de la complejidad del SGA, el plan se puede hacer previamente o en esta reunión.
- **Recopilación de información:** recopilar información inicial a través de entrevistas y revisión de documentos (entre otras cuestiones, para ver la viabilidad de la auditoría).

Ejecución:

- Revisar procesos y actividades para verificar su conformidad con los criterios de auditoría.
- Realizar entrevistas con empleados y responsables para recopilar información adicional.
- Observar actividades y procesos para verificar su implementación y efectividad.

Cierre:

- Realizar una reunión de cierre para presentar los hallazgos preliminares y discutir las acciones correctivas.
- Documentar todos los hallazgos y evidencias recopiladas durante la auditoría.
- Desarrollar un plan de seguimiento de las acciones acordadas.

Hay que destacar dos aspectos clave en la ejecución de las auditorías, sean *in situ* o en remoto, la comunicación entre las partes, auditor y auditado, y la información (documentada) que soporta la auditoría.

1.4.6. Elaboración del informe de auditoría: puntos fuertes, no conformidades, observaciones y oportunidades de mejora

El líder del equipo auditor debe informar de las conclusiones de la auditoría, de acuerdo con el programa; el informe debe proporcionar un registro completo, preciso, conciso y claro de la auditoría. Así se expresa la norma ISO 19011 en su Apartado 6.5, para pasar a listar los contenidos del informe y hacer los comentarios pertinentes sobre su distribución.

A continuación, como ya es habitual, se hace una propuesta de actuación que puede servir de guía en la práctica, aunque, en este caso, la norma es bastante clara.

El informe de auditoría es una de las salidas del proceso de auditoría, que resume los hallazgos, conclusiones y recomendaciones derivadas de la evaluación del SGA y que no solo sirve como registro (evidencia del trabajo realizado), sino que también es una herramienta clave para la toma de decisiones y la mejora continua.

A continuación, se desarrolla el proceso de elaboración del informe de auditoría, incluyendo su estructura, contenido y buenas prácticas.

➤ Estructura del informe de auditoría

Un informe de auditoría bien estructurado garantiza que la información sea clara, organizada y fácil de entender para las partes interesadas y puede incluir los siguientes apartados, ordenados por orden de aparición en el documento.

Portada (o primera página)

- **Título:** por ejemplo, Informe de auditoría interna del SGA.
- **Fecha:** en la que se realizó la auditoría.
- **Alcance:** especificar el área, departamento o proceso evaluado.
- **Auditores:** identificar a los responsables de la auditoría.

Introducción

- **Objetivo:** explicar el propósito de la auditoría, por ejemplo, evaluar el cumplimiento de los requisitos de la norma ISO 14001 y la legislación ambiental aplicable; debe ser coherente con lo planteado en el programa de auditoría y con el alcance de esta.
- **Alcance:** describir los límites de la auditoría, incluyendo las áreas, procesos y actividades evaluadas.
- **Criterios:** listar los criterios utilizados, como la norma ISO 14001, procedimientos internos y legislación ambiental, por ejemplo.

Resumen ejecutivo

- **Hallazgos:** resumir los hallazgos más relevantes, incluyendo no conformidades, observaciones y oportunidades de mejora.
- **Conclusiones:** presentar una visión general del desempeño del SGA y el nivel de cumplimiento.
- **Recomendaciones:** propuesta de acciones relevantes para abordar las no conformidades y mejorar el SGA.

Hallazgos

- **No conformidades:** describir cada no conformidad identificada, incluyendo el incumplimiento y las evidencias que lo respaldan, por ejemplo, registros, fotografías, notas de entrevistas, etc., especificando el requisito que no se cumple y su posible impacto. Las no conformidades deben categorizarse.
- **Observaciones:** listar las observaciones que representen áreas de mejora.
- **Mejora:** propuestas para optimizar procesos, reducir impactos ambientales o mejorar la eficiencia del SGA, entre otras.

Conclusiones

- **Evaluación general:** resumir el desempeño general del SGA en función de los hallazgos.
- **Fortalezas:** hay que destacar los aspectos positivos del SGA y las áreas que funcionan bien.
- **Áreas de mejora:** identificar las áreas que requieren atención y acciones correctivas o que son susceptibles de mejora.

Recomendaciones

- **Acciones correctivas:** proponer acciones para enmendar las no conformidades y las observaciones que proceda.
- **Fechas:** establecer un cronograma de actuación para la implantación de las acciones.
- **Responsables:** asignar responsables para cada acción.

Anexos

- **Evidencias:** como copias de documentos, registros, fotografías y otras recopiladas durante la auditoría.
- **Listas de verificación:** adjuntar las listas de verificación, si procede.
- **Cronograma:** incluir el cronograma detallado de las actividades realizadas.

➤ Redacción del informe

La redacción debe ser clara, precisa, profesional y objetiva, a continuación, se dan algunas recomendaciones al respecto.

Claridad

- **Lenguaje sencillo:** utilizar un lenguaje claro y sencillo que sea fácil de entender por las partes interesadas, el rigor no está reñido con la claridad.
- **Estructura:** organizar la información de manera lógica y coherente, siguiendo la estructura del informe y facilitando su lectura.

Precisión

- **Basado en evidencias:** todas las afirmaciones deben estar respaldadas por evidencias recopiladas durante la auditoría, objetivas y demostrables.
- **Datos cuantitativos:** incluir datos cuantitativos siempre que sea posible (por ejemplo, niveles de emisiones, cantidades de residuos, etcétera).

Objetividad

- **Tono neutral:** mantener un tono neutral y objetivo, evitando juicios de valor o críticas personales.
- **Enfoque constructivo:** centrarse en la identificación de oportunidades de mejora en lugar de culpar o señalar errores.

Concisión

- **Evitar redundancias:** eliminar información redundante o innecesaria.
- **Resumir hallazgos:** presentar los hallazgos de manera concisa, sin perder los detalles importantes.

Figura 1.16. El informe de auditoría debe ser objeto de acuerdo, como muestra del clima de colaboración y confianza durante la auditoría.

➤ Revisión y aprobación del informe

Una vez redactado, el informe de auditoría debe ser revisado y aprobado antes de su distribución, lo que garantiza la calidad y transparencia del documento y del proceso de auditoría.

El informe lo redacta el equipo de auditoría, realmente, el auditor líder con la colaboración del resto y debe ser aceptado por el auditado.

En condiciones normales, esto se hace en la reunión de cierre, en la se deben acordar los detalles relativos a las acciones correctivas, incidencias y otros aspectos de la auditoría; si no hay discrepancias, el informe se firma, por ambas partes, y se distribuye.

Las discrepancias, si las hubiera, deben solucionarse entre el auditor líder y el observador o guía, que puede requerir la presencia del RD o del administrador del sistema, aunque no debería ser necesario. Si hay acuerdo, se procede a la firma y distribución; si no hay acuerdo, el informe redactado y firmado por el auditor y mostrando que el auditado no está conforme, se eleva a instancias superiores, lo que suele ser síntoma de graves deficiencias que hay que resolver de otra manera y por representantes de ambas partes.

No se debe llegar a esos extremos, pero a veces sucede y hay que enfrentarse a ello.

➤ Distribución del informe

- Distribuir el informe a las partes interesadas relevantes, como la alta dirección, los responsables de las áreas auditadas y los responsables del SGA.
- Manejar el informe de manera confidencial y compartirlo solo con las personas autorizadas, del auditor y del auditado.

➤ Buenas prácticas

- **Enfoque basado en hechos:** pues hay que asegurarse de que todos los hallazgos estén respaldados por evidencias.
- **Crítica constructiva:** enfocándola a la mejora en lugar de culpar o criticar.
- **Involucración de las partes interesadas:** compartir los hallazgos preliminares con los auditados para garantizar la precisión y obtener su conformidad.
- **Actualización:** debe asegurarse de que el informe refleje los hallazgos finales y las acciones acordadas durante la reunión de cierre.

El informe de la auditoría, interna o externa, es una de las entradas para la revisión por la dirección, por lo que, como se indica, es recomendable hacer un resumen ejecutivo que permita poner a disposición de la alta dirección, en la reunión de revisión del sistema, la información necesaria para evaluar el desempeño del SGA y tomar las acciones que proceda, dejando el informe completo para los técnicos. El informe es un registro que pasa a formar parte de la información documentada del SGA.

1.4.7. Seguimiento y cierre de no conformidades y observaciones de auditoría

Tras comentar parte de los contenidos del Apartado 6 de ISO 19011, solo falta referirse a las actividades finales de la auditoría:

- Finalización de la auditoría.
- Realización de las actividades de seguimiento.

La citada norma se refiere a la reunión de cierre y a las actividades siguientes, una vez elaborado el informe de la auditoría; lo deseable es que la auditoría finalice cumpliendo sus objetivos y que el informe sea objeto de acuerdo, sin incidencias reseñables, pero esto no siempre sucede. La auditoría puede interrumpirse por diversas causas y, si estas son imputables al desarrollo de la actividad y se decide no continuarla, hay que recurrir a instancias superiores, pues indica graves deficiencias en el SGA o en la práctica de la auditoría.

En condiciones normales, se redacta el informe y se celebra la reunión de cierre en un clima de confianza y colaboración, que es como deben desarrollarse las auditorías.

Una larga práctica en este tipo de actividades enseña que provocar desconfianza en el auditor, especialmente si este percibe que se le quiere engañar, es una fuente innecesaria de conflictos que puede complicar mucho la situación.

A la reunión de cierre, deben asistir los auditados y el equipo de auditores, así como los responsables del SGA y de las áreas auditadas, y, en ella, se comenta el desarrollo de la auditoría, plasmado en el informe, y se acuerdan las acciones que se deriven de las incidencias, oportunidades de mejora y no conformidades detectadas en la auditoría.

El acta de la reunión y el informe de auditoría son los registros de la actividad que pasan a formar parte de la información documentada del SGA.

Figura 1.17. La reunión de cierre debe celebrarse en un clima de colaboración y confianza, habiendo cumplido los objetivos de la auditoría.

Solo queda llevar a la práctica las acciones acordadas, teniendo en cuenta la gravedad de estas. Las incidencias encontradas, no categorizadas como no conformidades, requieren acción, pero son mejoras para implantar en un tiempo razonable. Por ejemplo, se ha tardado bastante tiempo en encontrar y poner a disposición de los auditores cierta información, lo que requiere revisar y mejorar la custodia, el archivo y el acceso a la información, pero esta existe y responde a los requisitos; los registros son correctos, pero no su manejo.

Las oportunidades de mejora se tratan igual que en el caso anterior, la prioridad la marca la importancia de la mejora.

Las no conformidades requieren un tratamiento urgente, especialmente si son mayores, pues pueden dar lugar a una nueva auditoría o, en el caso de auditorías externas, incluso a la pérdida del certificado del SGA, requieren acción urgente y deben ser conocidas por la dirección y gestionadas por el RD, pues una no conformidad mayor implica que no se cumple algún requisito; las no conformidades menores deben someterse al plan acordado, pero su revisión se puede hacer en la próxima auditoría o incluso antes de terminar la que está en curso.

Los planes de actuación se pueden plasmar en el informe de auditoría o en el acta de la reunión de cierre, según se acuerde entre las partes.

El seguimiento del plan de acciones corresponde al administrador del SGA y el cierre de cada una a los responsables de las áreas en las que se han encontrado, dando prioridad absoluta a las no conformidades. El seguimiento debe informarse en la reunión de revisión por la dirección.

En el presente apartado, y sus subapartados, se ha analizado la práctica de la auditoría interna, desde la perspectiva de ISO 19011 y proponiendo buenas prácticas para ilustrar su aplicación, la mayoría de lo visto es aplicable a las auditorías externas (como se comenta en el Apartado 1.5).

ACTIVIDAD PROPUESTA 1.8. **Enfoque de la auditoría, riesgos y procesos**

Al programar, planificar y ejecutar la auditoría del SGA, hay que tener presente el pensamiento basado en riesgos y la gestión por procesos, pues ambos son requisitos de ISO 14001 que se trasladan al proceso de auditoría.

Pero ¿qué implicaciones puede conllevar tener presentes los riesgos y procesos, así como sus interrelaciones?

ACTIVIDAD PROPUESTA 1.9. **Estudio a fondo de ISO 19011**

Revisa cada punto del Apartado 1.4, comparando lo expuesto en ellos con la norma y con los consejos prácticos que se indican en dichos puntos.

Analiza lo que se propone en la norma para tener un mejor conocimiento de ella, pensando en cómo aplicarlo a una empresa concreta, preferiblemente una pyme, y tomando el presente texto como guía.

1.5. METODOLOGÍA DE AUDITORÍA EXTERNA: CERTIFICACIÓN Y VERIFICACIÓN

Las auditorías externas pueden ser de segunda o de tercera parte (Tabla 1.1) y siempre las realiza personal ajeno a la empresa auditada; en este apartado, se van a tratar las de certificación y verificación, recordando que:

- La Real Academia Española define *certificar* como «dicho de una autoridad competente, hacer constar por escrito una realidad de hecho».
- ISO 14001:2015 en su Apartado 0.5 indica que la norma contiene «los requisitos utilizados para evaluar la conformidad, para, entre otros fines, obtener la certificación o registro de su SGA, por una (tercera) parte externa a la organización».
- EMAS define la *verificación* como «el proceso de evaluación de la conformidad llevado a cabo por un verificador medioambiental para demostrar si el análisis medioambiental, la política medioambiental, el sistema de gestión medioambiental y la auditoría medioambiental interna de una organización y su aplicación se ajustan a los requisitos del presente Reglamento (1221/2009 del Parlamento europeo y del Consejo de 25 de noviembre de 2009)».

El esquema de acreditación y certificación se muestra en la Figura 1.4. Los procesos de certificación y verificación se llevan a cabo mediante auditorías (auditorías de tercera parte) y tienen por objeto que una empresa pueda demostrar que su SGA cumple con determinados estándares, como ISO14001 o EMAS.

La norma de referencia para la realización de auditorías es ISO 19011, que se ha comentado en el Apartado 1.4. Esta norma es aplicable a las auditorías internas y externas y es la que interesa desde el punto de vista de la actividad de auditoría, en el contexto de la presente obra, pues define las reglas del juego, las relaciones entre auditor y auditado y las características de los auditores.

Los organismos de certificación deben cumplir las normas de la familia ISO/IEC 17021:2015, a saber:

- ISO/IEC 17021:2015 Parte 1. Requisitos.
- ISO/IEC 17021:2015 Parte 3. Requisitos de competencia para la auditoría y la certificación de sistemas de gestión de la calidad (especificación técnica).

Conviene conocer estas normas, aunque son de aplicación específica a las empresas que se dedican a la certificación de sistemas de gestión, como se comenta más adelante.

Figura 1.18. La certificación del SGA demuestra la conformidad con un estándar de gestión; por ejemplo, ISO14001.

La metodología de las auditorías externas es semejante a la de las internas que ya se ha comentado; no obstante, conviene señalar algunos aspectos para entender mejor el proceso de la auditoría externa y las diferencias con la interna, pues la misma empresa que hace y se somete a auditorías internas recibe las externas y hay que saber jugar en cada caso con las reglas correspondientes.

Las auditorías internas y externas del SGA son herramientas fundamentales para evaluar el desempeño ambiental de una empresa, pero difieren en sus objetivos, alcance, metodología (programa y plan de auditoría) y participantes. A continuación, se indican las principales diferencias entre ambos tipos de auditorías.

➤ Definición y objetivo

Auditorías internas:

- **Definición:** las auditorías internas son evaluaciones realizadas por personal de la organización o consultores contratados para verificar el cumplimiento de los requisitos del SGA y la normativa aplicable.
- **Objetivo:**
  - — Evaluar la efectividad del SGA.
  - — Identificar no conformidades y oportunidades de mejora.

— Preparar a la organización para auditorías externas o certificaciones.

— Fomentar la mejora continua.

Auditorías externas:

- **Definición:** las auditorías externas son evaluaciones realizadas por entidades independientes, como organismos de certificación o autoridades reguladoras, para verificar el cumplimiento de estándares internacionales (por ejemplo, ISO 14001 o EMAS) o requisitos legales (auditorías comentadas en el Apartado 1.1).
- **Objetivo:**

  — Certificar el SGA según estándares de gestión.

  — Verificar el cumplimiento de la legislación ambiental.

  — Proporcionar una evaluación objetiva e independiente del desempeño ambiental.

➤ Alcance y enfoque

Auditorías internas:

- **Alcance:** puede ser más limitado, centrándose en áreas, procesos o departamentos específicos de la empresa, aunque se suele plantear la revisión anual completa del SGA.
- **Enfoque:** está orientado a la mejora interna, identificando áreas de mejora y fortaleciendo el SGA, y trabaja con la documentación del SGA comprobando su correcto uso en la práctica.

Auditorías externas:

- **Alcance:** en las de certificación, es más amplio, cubriendo toda la organización y todos los aspectos del SGA y, en las periódicas, durante la vigencia del certificado, se revisan áreas concretas, para ver todo el SGA en el periodo de los tres años de validez del certificado.
- **Enfoque:** está orientado a la verificación del cumplimiento de estándares externos y requisitos legales y, en ocasiones, a la certificación del SGA.

➤ Participante

Auditorías internas:

- **Auditores:** personal de la organización o consultores contratados.
- **Auditados:** empleados y responsables de las áreas auditadas.

Auditorías externas:

- **Auditores:** auditores independientes de organismos de certificación o autoridades reguladoras.
- **Auditados:** la organización en su conjunto, incluyendo la alta dirección y los responsables del SGA.

➤ Metodología y proceso

Auditorías internas:

- **Programación y planificación:** realizada por el equipo de auditoría interna, con un enfoque en áreas específicas que requieren mejora y a la revisión anual del SGA completo.
- **Ejecución:** incluye revisión de documentación, entrevistas y observación de procesos.
- **Informe:** elaborado por el equipo de auditoría interna, con recomendaciones para la mejora y plan de acciones supervisado por el RD y el administrador del sistema.

Auditorías externas:

- **Planificación:** realizada por el organismo de certificación o autoridad reguladora, con un enfoque en la verificación del cumplimiento de estándares y requisitos legales.
- **Ejecución:** incluye revisión de documentación, entrevistas, observación de procesos.
- **Informe:** elaborado por los auditores externos, con conclusiones sobre el cumplimiento y la certificación, es conveniente que se acuerde con los auditados.

➤ Resultados y seguimiento

Auditorías internas:

- **Resultados:** identificación de no conformidades, incidencias y oportunidades de mejora.
- **Seguimiento:** implementación de acciones correctivas y mejora continua del SGA.

Auditorías externas:

- **Resultados:** conclusión sobre el cumplimiento de estándares y requisitos legales, y decisión sobre la certificación.
- **Seguimiento:** verificación del cumplimiento de acciones correctivas y mantenimiento de la certificación.

Las auditorías internas y externas del SGA son complementarias y fundamentales para garantizar el cumplimiento de los requisitos legales y normativos, así como para promover la mejora continua. Las auditorías internas se centran en la mejora interna y la preparación para certificaciones, mientras que las auditorías externas proporcionan una evaluación objetiva e independiente del desempeño ambiental. Ambas son fundamentales para fortalecer el SGA y demostrar el compromiso de la organización con la sostenibilidad y la responsabilidad ambiental.

En el presente apartado, la auditoría externa se comenta desde el punto de vista de la certificación del SGA según ISO 14001 (la inclusión en el registro EMAS se analiza en el Apartado 1.5.5).

ACTIVIDAD PROPUESTA 1.10.	**ISO/IEC 17021**
Amplía información sobre las Partes 1 y 3 de ISO/IEC 17021:2015.	

1.5.1. Concepto de *certificación-verificación*

El desarrollo de este apartado se va a centrar en la certificación del SGA según ISO 14001, aunque también se va a hacer referencia a los procesos de verificación según EMAS, que se comentarán con más detalle en el Apartado 1.5.5.

Una vez más, hay que recordar que ISO 14001 indica que esta norma contiene los requisitos utilizados para evaluar la conformidad del SGA y poder obtener la certificación, o registro de su sistema, lo que muestra la vocación de los estándares de gestión ambiental (la propia norma ISO y EMAS) como herramienta de certificación por tercera parte para demostrar la implantación y cumplimiento de un SGA.

En primer lugar, se van a hacer unos comentarios generales sobre ambos procesos, para continuar con un resumen de las diferencias y semejanzas y terminar con una reflexión sobre la utilidad y las implicaciones de la certificación.

La certificación y verificación del SGA son procesos que permiten a las empresas demostrar el cumplimiento de estándares internacionales y mejorar su desempeño ambiental; tanto ISO 14001 como EMAS establecen requisitos específicos para la certificación y verificación del SGA.

EMAS

Figura 1.19. La certificación del SGA según ISO 14001
y la verificación según EMAS muestran el compromiso ambiental de la empresa.

A continuación, se desarrolla el concepto de *certificación-verificación* según estos dos sistemas; se utilizará el término *certificación* para referirse a la norma ISO y *verificación* al referirse a EMAS.

➤ Certificación según ISO 14001

La ISO 14001 es una norma internacional que establece los requisitos para un SGA, la certificación es un proceso voluntario que permite a las organizaciones demostrar su compromiso con la gestión ambiental y la mejora continua, mediante el cumplimiento de los requisitos de la norma ISO.

Concepto de *certificación:*

- **Definición:** la certificación según ISO 14001 es el proceso mediante el cual un organismo de certificación acreditado verifica que el SGA de una empresa cumple con los requisitos de la norma.
- **Objetivo:** demostrar el cumplimiento de los requisitos de la norma y mejorar la credibilidad y reputación de la empresa.

Proceso de certificación:

- **Preparación:** la empresa implanta un SGA según los requisitos de la ISO 14001 y realiza auditorías internas para verificar su cumplimiento.
- **Selección de la entidad de certificación:** la empresa selecciona una entidad de certificación acreditada para realizar la auditoría de tercera parte y proceder a la certificación.
- **Auditoría de certificación:** auditoría externa en dos etapas:
  1. **Auditoría documental:** revisión de la documentación del SGA para verificar su conformidad con la norma.
  2. **Auditoría *in situ:*** evaluación de la implantación y desempeño del SGA en las instalaciones de la empresa, definidas en el alcance del sistema.

- **Decisión:** si el SGA cumple con los requisitos de la norma, el organismo de certificación emite un certificado ISO 14001.
- **Seguimiento y renovación:** la empresa debe someterse a auditorías de seguimiento periódicas y a una auditoría de renovación cada tres años para mantener la certificación.

Beneficios de la certificación ISO 14001:

- Mejora del desempeño ambiental debido a la identificación y reducción de impactos ambientales.
- Cumplimiento legal, aseguramiento del cumplimiento de la legislación ambiental aplicable.
- Credibilidad y reputación, demostración del compromiso con la gestión ambiental ante clientes, proveedores y otras partes interesadas.
- Facilita el acceso a mercados que requieren certificación ISO 14001.

➤ Verificación según EMAS

El sistema EMAS *(eco management and audit scheme)* es un SGA de la Unión Europea que va más allá de ISO 14001, incluyendo requisitos adicionales como la declaración ambiental verificada.

Concepto de *verificación:*

- **Definición:** la verificación EMAS es el proceso mediante el cual un verificador ambiental acreditado evalúa el SGA y la declaración ambiental de una empresa para garantizar su conformidad con el reglamento EMAS.
- **Objetivo:** demostrar el cumplimiento de los requisitos de EMAS y mejorar la transparencia y credibilidad de la organización.

Proceso de verificación:

- **Implantación del SGA:** implantación de un SGA según los requisitos de EMAS, que incluyen la ISO 14001 y requisitos adicionales.
- **Elaboración de la declaración ambiental:** que describe su desempeño ambiental y su compromiso con la mejora continua.
- **Selección del verificador ambiental:** la empresa selecciona un verificador ambiental acreditado para realizar la verificación.
- **Verificación:** el verificador ambiental realiza una evaluación del SGA y la declaración ambiental, incluyendo:

1. **Revisión de documentación:** verificación de la conformidad del SGA y la declaración ambiental con los requisitos de EMAS.
2. **Auditoría *in situ:*** evaluación de la implementación y efectividad del SGA en las instalaciones de la Empresa.

- **Registro EMAS:** si el SGA y la declaración ambiental cumplen con los requisitos de EMAS, la empresa es registrada en el sistema EMAS y puede utilizar el logotipo EMAS.
- **Seguimiento y renovación:** la empresa debe someterse a verificaciones periódicas y a una verificación de renovación cada tres años para mantener el registro EMAS.

Beneficios de la verificación EMAS:

- Transparencia, ya que la declaración ambiental verificada proporciona información transparente y fiable sobre el desempeño ambiental de la empresa.
- Se enfoca en la mejora continua del desempeño ambiental.
- Reconocimiento a nivel europeo del compromiso con la gestión ambiental.
- Ventaja competitiva, pues aporta diferenciación en el mercado y mejora de la reputación.

➤ Comparación

En la Tabla 1.2, se comparan ambos sistemas, de forma resumida.

Tabla 1.2. Comparación entre ISO14001 y EMAS

Aspecto	ISO 14001	EMAS
Alcance	Norma internacional para sistemas de gestión ambiental.	Reglamento europeo que incluye ISO 14001 y requisitos adicionales.
Certificación/ verificación	Certificación por organismos acreditados.	Verificación por verificadores ambientales acreditados y registro EMAS.
Declaración ambiental	No requiere una declaración ambiental pública.	Requiere una declaración ambiental verificada y pública.
Transparencia	Menor enfoque en la transparencia y comunicación externa.	Mayor enfoque en la transparencia y comunicación externa.
Reconocimiento	Reconocimiento internacional.	Reconocimiento a nivel europeo.

Resumiendo, ambos procesos —la certificación según ISO 14001 y la verificación según EMAS— permiten a las empresas demostrar su compromiso con la gestión ambiental y la mejora continua. ISO 14001 es una norma internacional ampliamente reconocida, EMAS ofrece un enfoque más integral y transparente, incluyendo requisitos adicionales como la declaración ambiental verificada; ambas normativas proporcionan ciertos beneficios, como la mejora del desempeño ambiental, el cumplimiento legal y la mejora de la reputación, pero la elección entre ellos dependerá de las necesidades y objetivos específicos de la empresa.

Una vez que se conocen los procesos de acreditación y verificación y los estándares de gestión ambiental correspondientes, hay que hacerse la gran pregunta: ¿para qué sirven la certificación o la acreditación? No hay que asustarse, la pregunta puede parecer sorprendente, pero hay grandes empresas, de mucho prestigio, que no siguen ninguno de estos sistemas, un ejemplo es Mercadona y basta consultar su información ambiental y las noticias de prensa para darse cuenta de que es una empresa con un muy buen SGA, socialmente responsable, y que mejora constantemente su desempeño ambiental.

El objetivo de las empresas es mantenerse en el mercado de forma legal y responsable, pero rentable, y no cabe duda de que la implantación y certificación (o verificación) de un SGA, además de tener un coste implica someterse a una disciplina que puede resultar extraña.

Por un lado, no todas las empresas tienen el potencial de Mercadona, que es pionera en determinadas prácticas en el sector de la distribución, y, por otro lado, el comercio y las relaciones entre cliente y proveedor implican el cumplimiento de ciertos requisitos.

Cuando se tiene una larga experiencia en el uso y administración de sistemas de gestión, y previamente se ha trabajado sin ellos, se entiende la amplia aceptación de estos, que puede resumirse en los siguientes aspectos:

- Recogen la experiencia y el buen hacer de expertos de muy distinta procedencia que están constantemente actualizándolos y mejorándolos, por lo que pueden considerarse como manuales de buenas prácticas.
- La adopción de estos sistemas permite disponer de una guía para la implantación de sistemas de gestión.
- Se crea un lenguaje y modo de hacer comunes, que permite conocer los sistemas de gestión de las partes interesadas; por ejemplo, proveedores.
- Las auditorías de tercera parte liberan a los clientes de las auditorías a sus proveedores para conocer, por ejemplo, su SGA, dotando al sistema de

transparencia y objetividad, al poner las auditorías en manos de profesionales acreditados.

- Permiten a las empresas publicitar, por ejemplo, su desempeño ambiental, que ha sido certificado por entidades acreditadas y ajenas a ellas.

Entre las razones para implantar un SGA según ISO 14001 (o EMAS), hay que considerar sobre todo dos: una voluntaria, adoptar un sistema de amplia aceptación y que funciona, asumiendo los costes como una oportunidad de mejora (que lo es), y otra no tan voluntaria, que es el requisito de cliente. En ambos casos, es recomendable o necesario adoptar el sistema y certificarlo, como medio para mejorar el desempeño ambiental de la empresa, con lo que queda contestada la pregunta, los estándares de gestión ISO y otros, como EMAS, son herramientas muy adecuadas para mejorar el desempeño de las empresas, que, si se manejan bien, compensan ampliamente su coste.

ACTIVIDAD PROPUESTA 1.11. Ventajas de los estándares de gestión

Visita la página web de ISO e investiga sobre las ventajas para las empresas de trabajar con estándares de gestión, tipo ISO 14001.

1.5.2. ENAC (Entidad Nacional de Acreditación)

La Real Academia Española define *acreditar* como «dar testimonio en documento fehaciente de que alguien lleva facultades para desempeñar comisión o encargo diplomático, comercial, etcétera».

Las entidades de acreditación son los organismos oficiales que dan fe de que determinadas empresas tienen capacidad para certificar sistemas de gestión o productos y desempeñar actividades relacionadas como la medición y gestión de patrones de medida, entre otras.

En España este papel lo desempeña ENAC (Entidad Nacional de Acreditación), que, en sus propias palabras, es la organización designada por el Gobierno para operar en España como el organismo nacional de acreditación en aplicación del Reglamento 765/2008 del Parlamento europeo que regula el funcionamiento de la acreditación en Europa y que requiere que cada Estado miembro cuente con un único organismo de acreditación.

¿Qué hace ENAC? En las Figuras 1.20 y 1.21, extraídas de la página web de ENAC se muestran las actividades que acredita esta entidad y las marcas que ostentan las empresas acreditadas, como justificante de su acreditación.

Figura 1.20. Actividad de acreditación de ENAC.

Figura 1.21. Marcas ENAC que muestran las acreditaciones de las empresas.

La primera conclusión es que ENAC es un organismo oficial cuyo papel se define de acuerdo con la legislación europea publicada por el *Boletín Oficial del Estado,* que se puede consultar en su sitio web, con el documento *DOUE* 218, de 13 de agosto de 2008, páginas 30 a 47 (18 págs.) de referencia DOUE-L-2008-81669.

Dicho documento establece, entre otras cuestiones, que «es necesario establecer un marco general de principios y normas en materia de acreditación y vigilancia del mercado», función que desempeñan las entidades de acreditación y que, en el marco de la presente obra, se refiere a la acreditación de las entidades de certificación y verificación de los SGA.

En la Figura 1.22, extraída de la documentación de la página web de ENAC, se muestra el esquema de certificación y acreditación como respuesta a los requisitos del mercado.

Figura 1.22. Papel de ENAC, como entidad acreditadora, en la demanda del mercado de productos y servicios de calidad.

La segunda conclusión es que las entidades de acreditación son, en principio, de ámbito local, ENAC actúa en España, pero, en un mundo globalizado, no tendría sentido que las entidades acreditadas en España no pudieran actuar como tales en otros países.

Una vez más, conviene recurrir a lo que indica ENAC en su documento *Entidad Nacional de Acreditación, Folleto institucional,* que se puede descargar de su página web, y que se muestra en las Figuras 1.23 y 1.24, bajo el lema «Acreditado una vez, aceptado en todas partes».

ACREDITADO UNA VEZ, ACEPTADO EN TODAS PARTES

Para lograr este objetivo, la infraestructura internacional de la acreditación se asienta sobre dos organizaciones, International Laboratory Accreditation Cooperation (ILAC) e International Accreditation Forum (IAF). En el marco de estas organizaciones se han establecido acuerdos internacionales de reconocimiento mutuo que tienen como objetivo prioritario aportar al mercado -autoridades, importadores, consumidores, etc.- confianza en la información contenida en los certificados e informes que acompañan a los productos para avalar su conformidad y que son emitidos por los laboratorios, entidades de inspección y certificación y verificadores.

Para acceder y mantener el estatus de firmante de estos acuerdos, los organismos de acreditación deben someterse periódicamente a un riguroso proceso de evaluación.

Figura 1.23. Acuerdos internacionales de ENAC que dan soporte a las entidades acreditadas por la entidad española.

Las entidades locales firman acuerdos con las extranjeras y supranacionales que permiten el reconocimiento cruzado y facilitan la actuación global tanto a las empresas certificadoras como a las certificadas.

El proceso de acreditación está sometido a la correspondiente normativa, por ejemplo, ISO/IEC 17011, que establece los requisitos para las entidades de acreditación que acreditan organismos de evaluación de la conformidad; ISO/IEC 17021, que especifica los requisitos para los organismos de certificación de sistemas de gestión, e ISO/IEC 17025, que define los requisitos para la competencia de los laboratorios de ensayo y calibración.

ENTIDADES ACREDITADAS POR ENAC,
RESPALDO INTERNACIONAL

— ENAC es firmante de todos los acuerdos internacionales de reconocimiento, por lo que sus acreditaciones son aceptadas en más de 100 países entre los que se encuentran la totalidad de la UE y EFTA, así como Estados Unidos, Canadá, Japón, China, Australia, Brasil o India, entre otros, lo que permite a la empresa española contar con un respaldo reconocido en los mercados internacionales que facilita la aceptación de los productos y servicios a través de las fronteras.

ENAC pone a disposición del mercado español una infraestructura de más de 1700 evaluadores acreditados* en la práctica totalidad de los sectores económicos y que disponen del máximo reconocimiento internacional.

Figura 1.24. Acuerdos internacionales de ENAC que facilitan la actividad de las entidades y empresas por ellas certificadas.

¿En qué consiste el proceso de acreditación? Dicho proceso incluye generalmente los siguientes pasos:

a) **Solicitud:**

- **Solicitud:** el organismo interesado presenta una solicitud de acreditación a la entidad nacional de acreditación.
- **Evaluación:** la entidad de acreditación evalúa la solicitud y determina si el organismo cumple con los requisitos iniciales.

b) **Evaluación:**

- **Auditoría documental:** revisión de la documentación presentada por el organismo para verificar su conformidad con los estándares aplicables.
- **Auditoría *in situ:*** evaluación en las instalaciones del organismo para verificar la implementación y efectividad de sus procesos.

c) **Decisión:**

- **Revisión de hallazgos:** la entidad de acreditación revisa los hallazgos de la auditoría y toma una decisión sobre la acreditación.

- **Certificación:** si el organismo cumple con los requisitos, se emite un certificado de acreditación.

d) **Seguimiento y renovación:**

- **Auditorías de seguimiento:** realización de auditorías periódicas para asegurarse de que el organismo mantiene su competencia.
- **Renovación:** realización de una auditoría de renovación cada 4 años para mantener la acreditación.

Una vez conocidos los procesos de acreditación y el papel de las entidades nacionales de acreditación, conviene hacer una reflexión de tipo práctico. Para una empresa que opera localmente, lo importante es tener información sobre entidades de certificación acreditadas por ENAC, en el caso de España, y que se ajusten a sus necesidades y presupuesto, la lista de entidades acreditas se puede consultar en la página web de ENAC.

Las empresas que operan globalmente se mueven en otro contexto, en el que no siempre impera la confianza; sea una empresa con una fábrica en España, que depende de un grupo multinacional extranjero, por ejemplo, japonés, y que vende sus productos en determinados países, como Alemania.

La empresa quiere certificar sus sistemas de gestión, para lo cual puede trabajar con una entidad española que no tiene por qué estar acreditada por las entidades de acreditación japonesa y alemana; los certificados serán válidos, otro asunto es la confianza que generen en Japón y en Alemania. En estos casos, hay que ser cauto y buscar una entidad de certificación acreditada en ambos países, seguro que todo funciona mejor; conviene certificar con empresas acreditadas por las entidades de los países de destino de los productos o servicios que se ponen en el mercado.

ACTIVIDAD PROPUESTA 1.12.	ENAC
Visita la página web de ENAC y navega por ella para aprender más sobre sus servicios y funcionamiento.	

1.5.3. Entidades certificadoras y de verificación

Las entidades de certificación y verificación son organizaciones o empresas de distinto tipo que evalúan y certifican que un SGA cumple con los requisitos de sistemas de gestión ambiental como ISO 14001 o EMAS.

Estas entidades, una vez obtenida la correspondiente acreditación por ENAC (para actuar en España), ejercen sus actividades de auditoría, certificación, verificación, etc. Pero ¿cuáles son las funciones de estas entidades?

- **Certificación:** evaluar y certificar que el SGA de una organización cumple con los requisitos de la norma ISO 14001.
- **Verificación:** evaluar y verificar que el SGA y la declaración ambiental de una organización cumplen con los requisitos del sistema EMAS.
- **Auditorías:** realizar auditorías de certificación, seguimiento y renovación para asegurar el cumplimiento continuo de los requisitos.

¿Cuáles son los estándares de referencia? Aunque este apartado se refiere exclusivamente a las entidades de certificación y verificación de sistemas de gestión ambiental, conviene conocer la normativa que afecta a este tipo de empresas y a las de certificación de productos, así como a los organismos de inspección, pues, en muchos casos, la misma empresa o grupo ofrece diferentes servicios.

- **ISO/IEC 17021:** establece los requisitos para los organismos de certificación de sistemas de gestión, Parte 1 de aplicación general y Parte 3 para los SGA.
- **ISO/IEC 17065:** especifica los requisitos para los organismos de certificación de productos.
- **ISO/IEC 17020:** define los requisitos para los organismos de inspección.
- **Reglamento 1221/2009:** para los verificadores EMAS.

¿Cómo deben actuar estas entidades?

Deben mostrar independencia e imparcialidad.

- **Independencia:** las entidades deben ser independientes de las empresas a las que certifican o verifican.
- **Imparcialidad:** deben actuar de manera imparcial, sin conflictos de interés y basándose en evidencias objetivas, demostrables y documentadas.

Han de tener competencia técnica:

- **Auditores cualificados:** los auditores deben tener la formación, experiencia y competencia técnica necesaria para realizar auditorías efectivas.
- **Conocimiento de la normativa:** los auditores deben tener un conocimiento profundo de las normas y reglamentos aplicables (ISO 14001, EMAS, etcétera).

Deben ser transparentes y tener buena comunicación:

- **Transparencia:** las entidades deben ser transparentes en sus procesos y decisiones, proporcionando información clara y precisa a las empresas.
- **Comunicación:** deben mantener una comunicación efectiva con las empresas, explicando los hallazgos, no conformidades y recomendaciones de manera clara y constructiva.

Tiene que promover la mejora continua:

- **Evaluación y retroalimentación:** las entidades deben evaluar continuamente su desempeño y recibir retroalimentación de las organizaciones para mejorar sus servicios.
- **Actualización de conocimientos:** los auditores deben mantenerse actualizados con los cambios en las normas y reglamentos aplicables.

¿Qué aportan a las empresas y a su entorno?

- **Garantía de cumplimiento:** garantizan que las organizaciones cumplen con los requisitos de las normas y reglamentos aplicables.
- **Promoción de la mejora continua:** identificando oportunidades de mejora y promoviendo la mejora continua del desempeño ambiental.
- **Confianza:** proporcionan confianza a las partes interesadas en el compromiso de la organización con la gestión ambiental.

Las citadas entidades son clave en el desempeño de los SGA, ya que, mediante un proceso riguroso y basado en evidencias, evalúan y certifican que los SGA cumplen con los requisitos de estándares de gestión como ISO 14001 y EMAS. Su independencia, competencia técnica y enfoque en la mejora continua son fundamentales para garantizar la credibilidad y efectividad de los SGA.

En los apartados siguientes, se analizarán en detalle los procesos de certificación (ISO 14001) y verificación (EMAS), pero, ahora que ya se tiene una idea de dichos procesos y de las entidades que los llevan a cabo, conviene comentar algunos aspectos prácticos, al igual que en el Apartado 1.5.2.

No hay que olvidar la relación entre los mercados en los que opera la empresa y las entidades que acreditan a la certificadora de sus sistemas de gestión; si se opera en un determinado país, conviene que la entidad certificadora esté acreditada por el organismo correspondiente de ese país; no suele haber problema porque muchas empresas de certificación están acreditadas en distintos países.

¿Cómo afecta la relación cliente proveedor que hay entre auditado y auditor? Es evidente que las entidades de certificación cobran por sus servicios, pues destinan unos recursos a proporcionar al auditado, su cliente, un certificado y el mantenimiento de este.

Son unos proveedores un poco particulares, proporcionan un servicio que puede tener una gran importancia para el cliente, pero el que este consiga el resultado deseado depende de su buen hacer, del correcto desempeño del SGA del cliente; en esta relación, hay un aspecto que no conviene olvidar, las

¿Qué ventajas tiene la certificación?

- **Credibilidad:** proporciona credibilidad y confianza en el SGA de la organización.
- **Mejora del desempeño ambiental:** al identificar oportunidades de mejora y promover la mejora continua, pues mantiene el sistema en tensión y continua vigilancia.
- **Cumplimiento legal:** asegurarse del cumplimiento de la legislación ambiental aplicable.
- **Acceso a mercados:** facilitar el acceso a los mercados que requieren la certificación ISO 14001.

Como resumen, parafraseando a ISO 9001, la implantación y certificación de un SGA es una decisión estratégica para una empresa, que ayuda a mejorar su desempeño ambiental y proporciona una base sólida para las iniciativas de desarrollo sostenible

ACTIVIDAD PROPUESTA 1.14.	**Procesos de certificación**
Amplía información sobre los procesos de certificación de las entidades encontradas en la Actividad propuesta 1.11.	

ACTIVIDAD PROPUESTA 1.15.	**Coste de certificación**
Busca información sobre el coste de los procesos de certificación de las entidades encontradas en la Actividad propuesta 1.11 o en general.	

1.5.5. Proceso de verificación de la declaración ambiental y proceso de registro EMAS

Para facilitar la comprensión de las características de EMAS (sistema de gestión y auditoría ambientales) y sus diferencias con ISO 14001, a continuación, se muestra a modo de recordatorio parte del contenido de la Tabla 1.2:

- Reglamento europeo que incluye ISO 14001 y requisitos adicionales.
- Verificación por verificadores ambientales acreditados y registro EMAS.
- Requiere una declaración ambiental verificada y pública.
- Mayor enfoque en la transparencia y comunicación externa.
- Reconocimiento a nivel europeo.

El hecho de que sea un sistema europeo, de la Unión Europea (UE), puede restarle interés para aquellas empresas que operen fuera de ella, pero también puede representar una ventaja para las empresas no europeas que operen en la UE, circunstancia que conviene valorar a la hora de plantearse la implantación del sistema.

Los requisitos EMAS incluyen los de ISO 14001, por lo que es recomendable empezar implantando y certificando el SGA según ISO 14001 y progresar a EMAS en una fase posterior.

El proceso de inclusión en el registro EMAS (el equivalente a la certificación) implica un SGA certificado, una declaración ambiental verificada por verificadores acreditados y las auditorías de certificación y recertificación correspondientes, que son cada tres años o cuatro en el caso de pymes.

Figura 1.27. Documentos básicos para la implantación de EMAS, EMAS «easy» para las pymes y la guía para cualquier tipo de empresa.

Hay dos documentos básicos que conviene conocer cuando una empresa se plantea adoptar EMAS; para las pymes, la UE ha publicado el folleto EMAS «easy» para pequeñas y medianas empresas, (easy es una palabra inglesa que significa «fácil»), pero, a criterio del autor, no parece sencillo para empresas con bajo nivel de madurez y que no tengan experiencia con los SGA, por lo que se recomienda empezar con la implantación de un SGA según ISO 14001 y, transcurrido un tiempo prudencial, evolucionar a EMAS, este documento se puede descargar gratis y en español de la página web de la UE, aunque también hay una buena información sobre EMAS en el sitito web de la Junta de Castilla y León, por ejemplo.

El otro documento es la Decisión (UE) 2023/2463 de la Comisión de 3 de noviembre de 2023, relativa a la publicación de la Guía del usuario en la que figuran los pasos necesarios para participar en el sistema de gestión y auditoría medioambientales (EMAS) de la UE de conformidad con el Reglamento 1221/2009 del Parlamento europeo y del Consejo, la burocracia europea vuelve a hacer estragos con su vocabulario y presentación, pero es el documento que hay que conocer y el que se va a comentar.

El mayor enfoque en la *transparencia y comunicación externa* se plasma en el siguiente párrafo, extraído del documento citado:

> *El objetivo del sistema de gestión y auditoría ambientales (EMAS) de la Unión consiste en promover mejoras continuas del comportamiento medioambiental de las organizaciones mediante el establecimiento y la aplicación de un sistema de gestión medioambiental, la evaluación del comportamiento de tal sistema, la difusión de información sobre el comportamiento medioambiental, el diálogo abierto con el público y otras partes interesadas, y la implicación activa del personal.*

Como se puede apreciar, hay que implantar un SGA y auditarlo (certificación), además de informar de su desempeño a las partes interesadas, de ahí la obligatoriedad de la declaración ambiental y su verificación.

En la Figura 1.28, se muestran los ocho pasos del EMAS que indican los pasos que hay que seguir para lograr la inscripción en el registro EMAS, que es el reconocimiento oficial del sistema.

Figura 1.28. Los ocho pasos del EMAS para obtener la inscripción en el registro de la UE.

Los cuatro primeros se pueden englobar en la implantación de un SGA según ISO 14001, que es lo conveniente a criterio del autor, y la auditoría externa se puede asimilar a la de certificación; en este caso, después del paso 5, habría que añadir un paso 6, que sería la certificación, el paso 7, la elaboración de la declaración ambiental y su validación y la posterior inscripción en el registro en el 8.

Como ya se han comentado los procesos de auditoría, certificación y verificación, no se van a repetir aquí, pero sí que hay que insistir en la conveniencia de tratar el proceso de verificación y registro como un proyecto y en la necesidad de trabajar con verificadores acreditados.

Con respecto a la acreditación de verificadores, a continuación, se transcriben los siguientes párrafos extraídos de la página web de ENAC:

- El esquema europeo de gestión y auditoría medioambiental (EMAS) constituye una herramienta de gestión para que las empresas consigan una mejora continua en su comportamiento ambiental y, además, informen sobre ello a las distintas partes interesadas (trabajadores, Administración, propietarios, vecinos, etc.) aumentando así su transparencia. Para ello, se apoya en la existencia de un sistema de gestión medioambiental diseñado para un uso concreto: rendir información sobre el comportamiento medioambiental.
- Tanto el sistema de gestión medioambiental implantado como la declaración medioambiental deben ser evaluados por un verificador medioambiental previamente acreditado por el correspondiente organismo nacional de acreditación del Estado miembro de la Unión Europea, en España, ENAC. Los verificadores medioambientales deben demostrar el cumplimiento de los requisitos establecidos en el Reglamento 1221/2009 para ser acreditados.

ACTIVIDAD PROPUESTA 1.16. EMAS

Realiza una lectura crítica de los dos documentos EMAS citados: EMAS «easy» y la Decisión (UE) 2023/2463 de la Comisión. ¿Cómo influye el nivel de madurez y tener un SGA según ISO 14001?

ACTIVIDAD PROPUESTA 1.17. Verificación

Investiga el proceso de verificación y su coste en las entidades encontradas en la Actividad 1.11 o en general.

ACTIVIDADES FINALES

Cuestiones

1.1. Respecto al cumplimiento legal del SGA:

a) Los SGA no se ocupan de la legislación.

b) El SGA debe ocuparse, entre otras cuestiones, de cumplir la ley y la normativa vigentes.

c) Muchas veces, no se hace por la falta de ayudas de la Administración.

1.2. Los principios de auditoría son:

a) Integridad, imparcialidad, profesionalidad, confidencialidad, independencia, método racional y enfoque basado en riesgos.

b) La legislación ambiental y el liderazgo.

c) Respetar el estándar de gestión y la legislación.

1.3. EMAS se enfoca a la gestión ambiental y a la transparencia informando a las partes interesadas.

a) Solo en las energéticas.

b) Falso.

c) Verdadero.

1.4. Proceso sistemático, independiente y documentado para obtener evidencias y evaluarlas de manera objetiva con el fin de determinar el grado en el que se cumplen unos criterios determinados:

a) EMAS.

b) Auditoría.

c) Sistema de gestión ambiental.

1.5. Es recomendable certificar el SGA según ISO 14001 antes de obtener el registro EMAS.

a) Verdadero.

b) Falso.

c) Ambos sistemas no tienen nada que ver el uno con el otro.

1.6. ¿Qué es una auditoría de tercera parte?

a) Auditoría de certificación o acreditación, efectuada por entidades independientes de la empresa.

b) Auditoría legal, reglamentaria o similar, por parte de las autoridades u organismos con autoridad para ello.

c) Todas las respuestas anteriores son correctas.

1.7. EMAS requiere una declaración ambiental verificada.

a) Falso.

b) Verdadero.

c) Solamente en sistemas muy complejos.

1.8. Las habilidades blandas se pueden clasificar en:

a) Personales y sociales.

b) Metódicas.

c) Todas las respuestas anteriores son correctas.

1.9. Extensión y límites de una auditoría que incluye la descripción de las ubicaciones físicas y virtuales, las funciones, las unidades de la empresa, las actividades y los procesos, así como el periodo de tiempo cubierto:

a) Alcance de la auditoría.

b) Metodología de la auditoría.

c) Auditoría sistemática.

1.10. El programa de auditoría se refiere al conjunto de las auditorías y el plan a una concreta.

a) Falso.

b) Verdadero.

c) Solo en las empresas industriales.

1.11. Las auditorías voluntarias pueden ser:

a) De proceso o producto.

b) De sistema.

c) Todas las respuestas anteriores son correctas.

1.12. ¿Qué es una no conformidad mayor?

a) Incumplimiento de un requisito.

b) No existe este tipo de no conformidad en el SGA.

c) Solo se da en las grandes empresas.

1.13. Las evidencias de la auditoría se pueden obtener:

a) Mediante la revisión de la documentación.

b) Mediante observaciones *in situ* o entrevistas.

c) Todas las respuestas anteriores son correctas.

1.14. Es muy recomendable gestionar el proceso de certificación del SGA como un proyecto.

a) La gestión de proyectos es una metodología muy eficaz para este tipo de procesos.

b) Falso.

c) Solo en las pymes.

1.15. La independencia de los auditores se puede mostrar por:

a) No tener responsabilidad sobre la actividad que se va a auditar.

b) La usencia de sesgo o de conflicto de intereses.

c) Todas las respuestas anteriores son correctas.

1.16. El certificado ISO 14001 y el registro EMAS tienen validez durante:

a) Tres años, en general, para ambos.

b) Para las pymes, ISO 3 años y EMAS 4 años.

c) Todas las respuestas anteriores son correctas.

1.17. EMAS:

a) Estructura medioambiental de situación.

b) Reglamento europeo de gestión y auditoría ambientales.

c) Todas las respuestas anteriores son correctas.

1.18. La norma de referencia para las auditorías es:

a) ISO 19011.

b) ISO 9000.

c) Todas las respuestas anteriores son correctas.

1.19. Los auditores deben tener:

a) Formación teórica y experiencia.

b) Habilidades prácticas y sociales.

c) Todas las respuestas anteriores son correctas.

1.20. Es importante conocer la relación entre los mercados en los que opera una empresa y las acreditaciones de la certificadora de su SGA.

a) Para generar confianza en dichos mercados, es conveniente que esté acreditada por esos países

b) No tiene importancia, no influye en los clientes.

c) Ninguna de las respuestas anteriores es correcta.

1.21. La auditoría es una labor de equipo, en un clima de respeto y confianza, sin olvidar el papel de cada participante.

a) La auditoría debe hacerse de cualquier manera, para encontrar evidencias.

b) Las auditorías siempre se deberían hacer así.

c) Lo que importa es encontrar no conformidades, aunque no sean evidentes.

1.22. Proceso de evaluación de la conformidad para demostrar si el análisis, la política, el sistema y la auditoría medioambientales de una empresa se ajusta a los requisitos EMAS:

a) Certificación.

b) Acreditación.

c) Verificación.

1.23. En la certificación, la relación cliente proveedor entre auditado y auditor:

a) No debe afectar al proceso de certificación, pues ambas partes deben actuar con confianza y honradez.

b) Siempre distorsiona el proceso.

c) No existe tal relación.

1.24. La certificación del SGA:

a) Solo se aplica en las empresas públicas.

b) Da confianza en él a las partes interesadas.

c) Es un gasto innecesario.

1.25. ENAC significa:

a) Entidad de Acreditación Española.

b) Entidad Nacional de Acreditación.

c) Ninguna de las respuestas anteriores es correcta.

Ejercicios

1.26. Marca con una X en el recuadro que corresponda a distintos tipos de auditoría del SGA:

- ❑ De sistema.
- ❑ De estilo de vestimenta.
- ❑ De tercera parte.
- ❑ De productividad.
- ❑ De certificación.

1.27. Indica si son verdaderas o falsas las siguientes afirmaciones sobre los principios de auditoría:

- Integridad, ética, honradez, competencia e imparcialidad deben ser las características de los auditores y de los gestores de las auditorías.
  - a) Verdadero.
  - b) Falso.
- No es necesario informar con veracidad y exactitud de los hallazgos e incidencias de la auditoría.
  - a) Verdadero.
  - b) Falso.
- La auditoría debe tener un enfoque basado en riesgos.
  - a) Verdadero.
  - b) Falso.

1.28. Como directora de una empresa que tiene que decidir cómo formar a los auditores internos, indica qué norma se utilizaría como apoyo y por qué:

- ISO 19011.
- ISO 14001.
- ISO/IEC 17021.

1.29. ¿Qué aporta a las auditorías internas y externas de una empresa el conocimiento de la ISO/IEC 17021 Parte 1 y Parte 3?

1.30. Supón que trabajas en una pyme; por ejemplo, en una gestoría administrativa, redacta la declaración ambiental. ¿Qué documentación se utilizaría como referencia?

1.31. ¿Cuáles son los aspectos clave para certificar el SGA de una mediana empresa con un nulo nivel de madurez y que nunca ha trabajado con sistemas de gestión?

1.32. Si fueras la persona responsable de la empresa de la Actividad 1.31, ¿qué entidad de certificación se escogería y con qué criterios?

1.33. Reflexiona sobre la influencia que tiene en el prestigio e imagen de la empresa la implantación y certificación de un SGA según ISO 14001.

1.34. Reflexiona sobre el carácter preventivo de las auditorías. ¿En qué condiciones es esto verdad?

1.35. ¿Cuál es el objetivo de la declaración ambiental?

1.36. Eres el observador (o acompañante) de los auditores externos en una auditoría de certificación del SGA, según ISO 14001, indica razonadamente qué funciones de la lista siguiente te corresponden y cuáles no:

- Presentar a los participantes, auditores y auditados.
- Distraer a los auditores para que no noten las deficiencias.
- Indicar a los auditores deficiencias que no han visto.
- Mediar en los posibles conflictos y resolverlos.
- Invitar a los auditores.
- Aclarar dudas y hacer de guía.

1.37. Marca con una X en el recuadro que corresponda a la formación que es deseable que tengan los auditores:

- ❑ Conocimiento de ISO 14001.
- ❑ Experiencia y conocimientos básicos del sector.
- ❑ Control de costes.
- ❑ Gestión por procesos.
- ❑ Conocimiento de ISO 19011.

1.38. ¿Implantar la cultura de auditorías implica un cambio importante en la empresa? ¿Por qué?

1.39. Marca con una X en el recuadro que corresponda a los componentes del programa de auditoría:

- ❑ Frecuencia.
- ❑ Representante de la dirección.
- ❑ Responsables.
- ❑ Recursos.
- ❑ Administrador del sistema.

1.40. Comenta el prestigio compartido entre empresa y certificadora.

1.41. ¿Por qué una auditoría del SGA no debe tratarse como una auditoría de cumplimiento legal?

1.42. ¿Qué factores hay que tener en cuenta para la programación y planificación de las auditorías?

1.43. Como responsable del SGA (RD) de una pyme, analiza las ventajas e inconvenientes de subcontratar las auditorías internas o de que las haga personal de la empresa.

1.44. ¿Cómo se puede medir la eficacia de las auditorías internas?

1.45. Marca con una X en el recuadro que corresponda a los métodos de auditoría:

- ❑ Documental.
- ❑ Ciclo PDCA.
- ❑ Observación del trabajo de la plantilla.
- ❑ Análisis de partes interesadas.
- ❑ Listas de verificación.

1.46. Reflexiona sobre las auditorías virtuales.

1.47. La regla de oro del auditado es contestar exclusivamente a lo que le preguntan y no dar información no solicitada. ¿Qué opinas?

1.48. ¿Cómo sería tu auditor ideal? Responde como auditor y como auditado. ¿Detectas algún sesgo en la respuesta?

1.49. ¿Qué auditorías ambientales prescribe la Ley 26/2007?

1.50. ¿Tiene alguna ventaja hacer una declaración ambiental, aunque no se trabaje con EMAS? ¿Y verificarla?

En este apartado, como en otros de la norma, se hace referencia a la información documentada, que hay que ir definiendo en su contenido y forma de gestión.

Seguir con todos los apartados de la norma sería excesivamente largo, pero ya se ha indicado el camino que se ha de seguir, aplicar el ciclo PDCA con el enfoque de riesgos y de mejora continua, tomando como guías la norma y la lista de temas para la revisión por la dirección, pero con una mente abierta y sin prejuicios. De este modo, se detectan las posibles desviaciones, inconsistencias o no conformidades debidas al SGA, que son especialmente graves, pues pueden quedar ocultas, al menos en las auditorías internas, que se hacen tomando como base la documentación del sistema y no directamente la norma.

Figura 2.5. La mente es como un paracaídas, solo funciona cuando está abierta.

ACTIVIDAD PROPUESTA 2.4.	Detección de no conformidades del SGA
Aplica el método propuesto en el punto 6 de la ISO 14001 (Planificación).	

2.2.3. Auditorías internas y externas

El objetivo de las auditorías no es encontrar desviaciones o no conformidades, su objetivo es preventivo, mantener el sistema en tensión para asegurarse de su desempeño, pero, para que sus hallazgos, positivos o negativos, sean significativos, hay que asegurarse de que la actividad se lleva a cabo con totales garantías.

Los hallazgos positivos indican que la actividad se ha programado y planificado adecuadamente, que los auditores están cualificados para ello y que se han respetado los principios de auditoría (todo ello siguiendo las directrices de ISO 19011) y que el sistema funciona correctamente.

Los hallazgos negativos pueden deberse a fallos en el SGA o a la forma en que se ha realizado la auditoría, como se comenta a continuación para su clasificación.

En el Capítulo 1, se han definido los distintos tipos de auditoría:

- **Auditoría interna:** la que realiza la empresa u otra entidad en nombre de la empresa. Las auditorías internas las puede hacer personal de la empresa o pueden subcontratarse.
- **Auditoría externa de certificación o revisión:** efectuada por entidades independientes de la empresa.
- **Auditoría externa de cumplimiento legal, reglamentaria o similar:** por parte de las autoridades u organismos con autoridad para ello.

No se consideran las auditorías de segunda parte incluidas en la Tabla 1.1 y, dependiendo del objeto de la auditoría, pueden ser:

- **De producto:** comprobación por muestreo y con criterios diversos de determinadas características del producto.
- **De proceso:** comprobación de que el proceso cumple los requisitos establecidos y se ejecuta correctamente.
- **De sistema:** comprobación de que el sistema cumple con una norma o estándar determinado, por ejemplo, ISO 14001.

En este apartado, se va a tomar como guía ISO 19011 para comprobar que se cumplen las condiciones adecuadas para que los resultados sean fiables y para detectar posibles no conformidades debidas al propio proceso de la auditoría.

En todos los casos, los auditores deben estar convenientemente cualificados, la programación y planificación deben ser correctas y la ejecución debe ajustarse a la finalidad de la auditoría y respetar los principios de auditoría.

Los citados principios figuran en el Apartado 4 de la norma, el 5 define la gestión del programa; el 6, la ejecución de la auditoría, y el 7, las condiciones que debe cumplir el auditor, todos ellos ya comentados.

La forma de detectar posibles no conformidades debidas a la auditoría es comprobar que la planificación, la ejecución y los auditores cumplen con las correspondientes recomendaciones, siguiendo el esquema planteado en el Apartado 2.2.2; por ejemplo, una vez hecho el programa de auditorías y el plan de las que se van a ejecutar próximamente, hay que comprobar que se han seguido todos los puntos de ISO 19011 y que los auditores cumplen los requisitos marcados en el Apartado 7.

ACTIVIDAD PROPUESTA 2.5.	Detección de no conformidades de la auditoría
Aplica el método propuesto a un programa de auditoría (se sugiere elaborar una lista de control).	

¿Cómo se elige la metodología más adecuada?

En las auditorías de proceso y de sistema, incluidas las de cumplimiento legal, lo habitual es proceder del siguiente modo, recurriendo a los muestreos cuando sea necesario:

1. Revisión documental.
2. Listas de verificación y cuestionarios.
3. Visitas al área auditada.
4. Observación del trabajo de las personas.
5. Entrevistas.

En las auditorías de producto, se suele trabajar por muestro, directamente sobre el producto.

¿Qué relación guardan las auditorías con la documentación del SGA?

No es una pregunta absurda, pues hay aspectos evidentes, como que esta actividad es uno de los requisitos de ISO 14001 y que la información debe ser completa, correcta, coherente y actual; pero hay otros que no lo son tanto, como la documentación que se toma como base para hacer la auditoría.

Las auditorías externas, de certificación o seguimiento durante el periodo de vigencia del certificado, se hacen directamente contra ISO 14001; por lo tanto, el objeto de la actividad es ver si se cumple dicha norma y si el desempeño del SGA es acorde con ella, por eso se empieza por una revisión documental para continuar con una revisión *in situ*, pueden encontrarse no conformidades documentales o de índole práctica, mala praxis que impide un correcto desempeño del SGA.

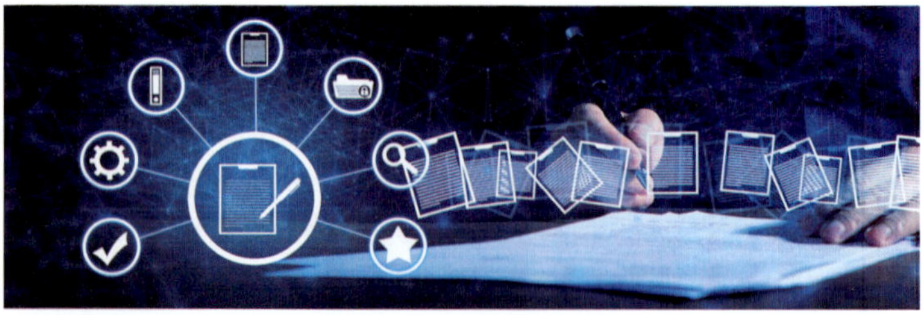

Figura 2.6. La documentación del SGA debe ser correcta para evitar fallos ocultos, difíciles de detectar, que se propaguen al exterior de la empresa.

Lo mismo sucede con las auditorías de cumplimiento legal; primero, se revisa la documentación que permite saber si se han identificado correctamente los requisitos legales y, después, si las operaciones cumplen con ellos.

En cualquier caso, hay que asegurarse de que el proceso de auditoría es correcto para evitar que se desvirtúen los hallazgos, pero la documentación de referencia es ajena a la empresa.

En las auditorías internas, se trabaja contra la documentación del SGA, se hace una revisión documental, pero la documentación de referencia es la de la empresa, de ahí la importancia de asegurarse de que la documentación del sistema sea correcta, pues, si no lo es, un error documental puede llegar al proceso, al producto y al cliente o al medioambiente.

En las auditorías de proceso, también hay una revisión documental inicial, pero para comprobar que los procesos siguen las especificaciones marcadas, por ejemplo, desde el área de diseño, y vuelve a ponerse de manifiesto la imperiosa necesidad de que la documentación interna sea correcta para impedir que haya fallos y su propagación.

Hay que garantizar el proceso de auditoría para poder interpretar adecuadamente las incidencias, que deben clasificarse y categorizarse, y en ningún caso hay que olvidar el pensamiento basado en riesgos, que se puede llevar a la práctica mediante la sencilla pregunta: ¿qué pasaría si...?

Para que los hallazgos de las auditorías sean significativos, estas deben ejecutarse perfectamente y el funcionamiento del SGA debe ser estable, principalmente los procesos operativos.

Unos ejemplos y preguntas, un poco exagerados, ayudarán a comprenderlo:

- En los procesos operativos de una empresa, los controles de proceso muestran constantes altibajos en los valores de los indicadores, lo que señala un comportamiento errático. ¿Es representativa una auditoría de proceso? Lo que se necesita no es una auditoría, sino una revisión total de los procesos para ponerlos en control, pues las auditorías solo son adecuadas con procesos estables.

- En una auditoría interna, ha habido que interrumpir la actividad por un altercado entre uno de los auditores y uno de los auditados, el problema es la mala planificación de la auditoría que se ha hecho cuando había una parada por mantenimiento. ¿Son fiables los hallazgos de la auditoría cuando se reanude tras la intervención de un superior? La mala planificación hace que no haya confianza en los resultados, pues no se asegura la ejecución de la auditoría en el momento adecuado.

- **Comentarios y buenas prácticas:** para recibir este tipo de quejas, hay que fomentar la comunicación interna e informar de las acciones tomadas al respecto; algunas de estas denuncias pueden tener efectos graves, por lo que hay empresas que tienen un sistema de denuncias que permite tomar todo tipo de acciones incluso disciplinarias.

- **Quejas externas:**
  - **Comunidad local:** los vecinos o residentes cercanos a las instalaciones de la empresa pueden presentar quejas por ruido, olores, emisiones, vertidos o cualquier otro impacto ambiental que afecte su calidad de vida.
  - **Clientes:** los clientes pueden reportar problemas relacionados con el uso de productos o servicios que no cumplen con estándares ambientales, como envases no reciclables o prácticas poco sostenibles.
  - **Proveedores:** los proveedores pueden identificar problemas en la cadena de suministro, como el incumplimiento de requisitos ambientales en la entrega de materiales.
  - **Autoridades:** las autoridades ambientales pueden recibir denuncias de terceros y notificar a la organización para que tome medidas correctivas.
  - **Organizaciones no gubernamentales:** las ONG pueden denunciar prácticas que consideren perjudiciales para el medioambiente.
  - **Comentarios y buenas prácticas:** es recomendable que el administrador del sistema, bajo la supervisión del RD y con la ayuda técnica que proceda, centralice la gestión de las quejas, que siempre deben contestarse; las relativas a cumplimiento legal requieren un tratamiento especialmente cuidadoso.

La correcta gestión de las quejas y denuncias es fundamental para mantener la credibilidad de la organización, cumplir con las normativas y mejorar el desempeño ambiental. **¿Cómo se deben gestionar las quejas y denuncias?**

1. **Recepción y registro:**
   - **Canales de comunicación:** establecer canales para recibir quejas, como formularios en línea, correos electrónicos, líneas telefónicas o buzones de sugerencias.
   - **Registro:** documentar todas las quejas y denuncias en un sistema de registro, incluyendo detalles como la fecha, el origen, la descripción del problema y los datos de contacto del denunciante, aunque se debe sopesar la posibilidad de admitir quejas anónimas.

2. **Evaluación y clasificación:**
    - **Análisis inicial:** realizar una evaluación inicial para determinar el tipo de acción que requiere.
    - **Priorización:** clasificar las quejas según su gravedad, urgencia y potencial impacto ambiental.
3. **Investigación:**
    - **Recopilación de información:** recopilar evidencias relacionadas con la queja, como registros, fotografías, muestras o testimonios.
    - **Visitas:** realizar inspecciones en las instalaciones o áreas afectadas para verificar la situación.
    - **Entrevistas:** entrevistar a empleados, responsables de áreas y otras partes interesadas para obtener información adicional.
4. **Resolución y acciones correctivas:**
    - **Identificación de causas:** determinar la causa o causas del problema que ha generado la queja.
    - **Plan de acción:** desarrollar un plan de acción para abordar el problema, incluyendo medidas correctivas y preventivas, responsables y plazos.
    - **Implantación:** ejecutar las acciones correspondientes y comprobar su efectividad.
5. **Comunicación y seguimiento:**
    - **Respuesta:** informar al denunciante sobre las acciones tomadas y los resultados obtenidos.
    - **Seguimiento:** realizar un seguimiento para asegurarse de que el problema no se repita y que las medidas son efectivas.
    - **Cierre:** documentar el cierre de la queja, incluyendo las acciones realizadas y las lecciones aprendidas.
6. **Importancia de la gestión de quejas y denuncias:**
    - **Mejora del desempeño ambiental:** permiten identificar áreas de mejora en el SGA y tomar medidas para reducir impactos ambientales.
    - **Cumplimiento legal:** la adecuada gestión de las quejas ayuda a cumplir con las normativas ambientales y evitar sanciones.

- **Relación con las partes interesadas:** responder de manera efectiva a las quejas fortalece la relación con la comunidad, los clientes y otras partes interesadas.
- **Reputación:** la gestión transparente y proactiva de las quejas mejora la imagen y la reputación de la organización.

7. **Dificultades:**
   - **Falta de canales de comunicación:** si los canales para presentar quejas no son accesibles o no se promueven, es posible que no se reciba información relevante.
   - **Falta de información:** algunas quejas pueden no ser reportadas debido a la falta de confianza en el proceso o al temor a represalias.
   - **Falta de recursos:** la investigación y resolución de quejas pueden requerir recursos significativos, como personal, tiempo y presupuesto.
   - **Complejidad:** algunas pueden ser complejas y requerir la participación de expertos o la colaboración con autoridades.
8. **Mejores prácticas:**
   - **Transparencia:** establecer un proceso claro y transparente para la recepción, investigación y resolución de quejas.
   - **Capacitación:** capacitar al personal en la gestión de quejas y en la importancia de responder de manera oportuna y efectiva.
   - **Proactividad:** mantener una comunicación abierta con las partes interesadas y fomentar la presentación de quejas.
   - **Mejora continua:** utilizar las quejas como una oportunidad para aprender y mejorar el SGA.

Las quejas y denuncias ambientales son una herramienta valiosa para identificar problemas, mejorar el desempeño ambiental y fortalecer la relación con las partes interesadas; su gestión efectiva requiere un proceso claro y sistemático que incluya la recepción, evaluación, investigación, resolución y seguimiento de las quejas.

Al adoptar un enfoque proactivo y transparente, las organizaciones no solo pueden cumplir con las normativas ambientales, sino también promover la mejora continua y la sostenibilidad.

La gestión adecuada de las quejas y denuncias es, por tanto, un componente esencial de un SGA robusto y efectivo, sin olvidar que es una de las entradas para la revisión por la dirección.

ACTIVIDAD PROPUESTA 2.7.	**Tratamiento de quejas**
Busca información sobre el tratamiento de las quejas en las empresas.	

ACTIVIDAD PROPUESTA 2.8.	**Detección de no conformidades**
Lee la ISO 14001:2015. ¿Cómo se pueden producir desviaciones en el SGA por malas prácticas que puedan ser habituales?	

2.3. CRITERIOS DE IDENTIFICACIÓN DE MEJORAS

Para identificar mejoras, en un SGA según ISO 14001, conviene hacerse la siguiente pregunta: ¿qué aspectos de la norma permiten generar e identificar mejoras del sistema? Una respuesta rápida podría ser que esta norma preconiza la mejora continua y la aplicación sistemática del ciclo PDCA (PHVA).

De hecho, el ciclo PDCA (en la norma, se denomina *PHVA*) se comenta al inicio de la norma y también se define la *mejora continua* como «la actividad recurrente para mejorar el desempeño que se relaciona con el uso del SGA para mejorar el desempeño ambiental, en coherencia con la política ambiental de la empresa».

Dicho de otra manera, la mejora continua persigue la mejora del desempeño del SGA según los principios expuestos en la política ambiental de la empresa.

En una de las aclaraciones a la definición, se indica que «no es necesario que la actividad ocurra simultáneamente en todas las áreas, o sin interrupción», lo que no está muy de acuerdo con el espíritu de la mejora continua, pues el SGA es transversal, por lo que se debe trabajar desde todas las áreas de la empresa, y la mejora continua solo funciona adecuadamente si es, precisamente, continua, sin altibajos ni interrupciones, pues debe estar incluida en el día a día de toda la empresa.

Figura 2.8. La mejora continua, impulsada por la dirección, no debe admitir ni altibajos ni parones.

La aclaración a la definición no carece de fundamento y probablemente está basada en la experiencia que se vive en algunas empresas en las que parece que la mejora continua solo afecta a las fábricas, donde es relativamente sencillo implantarla, pero no a áreas como, por ejemplo, diseño o comercial, en las que la ausencia de ciertos métodos de trabajo se *disfraza,* a veces, de creatividad o tecnología.

Se puede afirmar que el primer requisito para identificar mejoras es implantar en toda la empresa la mentalidad y la cultura de la mejora continua, que se asienta sobre dos pilares:

1. La dirección debe apoyar totalmente el proceso.
2. Admitir que todo es mejorable; lo que no significa que se haya hecho mal, sino que se puede mejorar.

Implantar esta forma de trabajar, de percibir la realidad del negocio como algo que siempre es mejorable, requiere acciones de formación y mentalización en el contexto de la gestión del cambio, que debe estar pilotado y controlado por la dirección.

Para alimentar la mejora continua, hay que trabajar con método, por lo que, a continuación, se listan y comentan aquellos aspectos del SGA especialmente útiles desde el punto de vista de la identificación de mejoras:

- Análisis de riesgos.
- Análisis de indicadores.
- Revisión del SGA.
- Auditorías.
- Quejas, denuncias e información de las partes interesadas.
- Revisión de no conformidades, desviaciones, etcétera.
- Innovación y avances científico-técnicos.
- *Benchmarking.*

En este apartado, se van a comentar aquellos aspectos que ya se han analizado desde el punto de vista de las no conformidades, dejando el resto para los apartados siguientes:

- Quejas, denuncias e información de las partes interesadas, Apartado 2.3.1.
- Innovación y avances científico-técnicos, Apartados 2.3.2 y 2.3.3.
- *Benchmarking,* Apartado 2.3.4.

Para el comentario de los distintos aspectos, se va a seguir el orden de la lista, análisis de riesgos, análisis de indicadores, revisión del SGA, auditorías y revisión de no conformidades y desviaciones.

➤ Análisis de riesgos

El análisis de riesgos es un proceso sistemático que permite identificar y gestionar los riesgos ambientales y las oportunidades de mejora que se derivan de su estudio, ISO 14001 define *riesgos* y *oportunidades* como «efectos potenciales adversos» (amenazas) y «efectos potenciales beneficiosos» (oportunidades).

- **Criterios:**
  - Identificación de riesgos ambientales derivados de los análisis de riesgos, fruto, por ejemplo, del cambio de contexto, que implican reevaluar la situación.
  - Identificación de riesgos ambientales derivados de los análisis de riesgos que permitan cuantificar los riesgos, empezando por solucionar los más graves e ir reevaluando la situación conforme se hayan solucionado estos.
  - Evaluación constante y periódica de la efectividad de las medidas de control existentes.
  - Identificación de oportunidades, efectos beneficiosos reales o potenciales, para mejorar la eficacia y reducir impactos ambientales.
- **Ejemplo:**
  - **Riesgo:** posibles fallos en los procesos operativos. Identificación de riesgos mediante un AMFE de proceso. Se identifican y cuantifican los riesgos potenciales y se solucionan los más graves, cuya gravedad se mide por el efecto combinado de las consecuencias, la facilidad de detección y la probabilidad de que ocurra, determinando el índice de prioridad de riesgo que permite priorizar.
  - **Mejora identificada:** la modificación de proceso que proceda. Comprobación de la efectividad, transcurrido un tiempo suficiente para que el proceso se estabilice.
  - **Mejora continua:** seguir trabajando por orden de importancia según el índice de prioridad de riesgo. Si hay modificaciones sustanciales del proceso, se hace un nuevo AMFE y se reinicia el proceso.
- **Comentarios:**
  - Los métodos de análisis de riesgos deben poder cuantificarse para establecer prioridades.
  - El ejemplo descrito es la aplicación de la mejora continua mediante el ciclo PDCA.

➤ Análisis de indicadores

En el Apartado 2.2.1, se ha comentado el análisis de indicadores desde el punto de vista de las desviaciones o no conformidades, incluyendo la observación de las tendencias y la comparación con la competencia.

Un concepto muy útil para la mejora es el *estándar,* utilizado como valor de referencia, pero no los estándares conservadores y consolidados, sino los rompedores, los que hacen que, periódicamente, la industria, o los servicios, se vean sacudidos por competidores que cambian las reglas del juego; y lo hacen porque, primero, se plantean los objetivos y, luego, desarrollan el método para conseguirlos.

Figura 2.9. Bueno *(good),* mejor *(better)* y óptimo *(best);* fijar el valor de referencia, el estándar, en el óptimo estimula y favorece la mejora.

Muchas veces, lo que está debajo de esos resultados es el concepto de *valor,* como aquello por lo que está dispuesto a pagar el cliente; lo que no añade valor hay que eliminarlo (siempre que sea legal). Este es un buen motivo de reflexión para la mejora continua, lo resultados parecen sorprendentes en un principio, pero, luego, llegan a ser normales hasta que se produce otro salto.

La revisión de los indicadores y de las operaciones con estos criterios proporciona abundantes oportunidades de mejora.

➤ Revisión del SGA

En el Apartado 2.2.2, se ha comentado la forma de revisar y analizar el SGA para detectar posibles no conformidades debidas al propio sistema, a su estructura y documentación, pero el enfoque puede completarse con la mentalidad de la mejora continua, pues, sistematizando la revisión, con las guías citadas en dicho apartado, se pueden detectar fallos, riesgos y oportunidades, hay que recordar la pregunta: ¿qué pasaría si...?

ACTIVIDAD PROPUESTA 2.9.	**Detección de mejoras**
Teniendo en cuenta la Actividad propuesta 2.8, ¿cómo se pueden producir desviaciones en el SGA por malas prácticas que puedan ser habituales y detectar mejoras del SGA por buenas prácticas que puedan ser habituales?	

➤ Auditorías

En el Capítulo 1, se han tratado ampliamente las auditorías y, en el Apartado 2.2.3, se han analizado desde el punto de vista de identificar no conformidades, tanto en el método —la propia auditoría— como en los hallazgos de esta.

Al analizar el SGA en general y las auditorías, no hay que olvidar que tan importante es el método, la forma de hacer las cosas, como los resultados.

Un mal método puede producir buenos resultados, pero no serán fiables, y una buena auditoría puede detectar no conformidades; no hay que olvidarse de ninguno de los dos aspectos.

La forma de identificar oportunidades de mejora en las auditorías puede estar basada en el análisis de la actividad (tomando como referencia ISO 19011) y en los hallazgos de esta.

La sistemática es la ya indicada al comentar el SGA y la forma de detectar desviaciones de auditoría, sin olvidar el pensamiento basado en riesgos aplicado a la auditoría.

➤ Revisión de no conformidades

El tratamiento de las no conformidades y las acciones correctivas se comenta en el Apartado 2.4, pero ahora no se debe olvidar que el análisis y corrección de las desviaciones encontradas son oportunidades de mejora, que se enriquecen con el enfoque basado en riesgos aplicado a las posibles soluciones.

La identificación de mejoras en un SGA es un proceso continuo que requiere el uso de criterios claros y sistemáticos, como el análisis de indicadores, la revisión de no conformidades, la evaluación de riesgos y oportunidades y la retroalimentación de las partes interesadas y el pensamiento basado en riesgos.

Estos criterios se aplican en la práctica a través de la revisión periódica del SGA, el análisis de datos, la participación del personal y el *benchmarking,* siempre con un enfoque proactivo en la identificación e implantación de mejoras que no solo garantiza el cumplimiento de los requisitos, sino la mejora continua y el fortalecimiento del SGA.

de recompensas, pues puede complicar e incluso hacer inviable continuar con estas acciones; como recomendación general, no hay que ofrecer recompensas en dinero.

Se puede llevar a cabo el plan de mejoras mediante la formación de equipos de personas del mismo nivel que trabajan voluntariamente fuera de su horario laboral, y se requiere una mínima estructura de soporte para facilitar y coordinar las acciones.

ACTIVIDAD PROPUESTA 2.11.	Equipos de mejora
Investiga sobre los equipos de mejora, objetivos, ventajas, maneras de formarlos, etcétera.	

Es habitual trabajar con los proveedores en temas ambientales, desde la logística y el transporte hasta las características del producto y las mejoras en los procesos de fabricación, se pueden promover las mejoras mediante jornadas técnicas o cualquier otro medio de intercambiar información.

Las relaciones cliente proveedor dependen, en la mayoría de los casos, del poder de negociación de cada parte, que se debe tener en cuenta en el análisis de contexto y el consiguiente análisis de riesgo; pero, en general, los temas ambientales suelen compartirse y mejorarse de mutuo acuerdo en el marco de las relaciones comerciales, que deben ser lo más fluidas posible.

Hay un tipo especial de proveedor que es la entidad de certificación, pues es habitual que los auditores, como colofón de las auditorías, propongan mejoras del SGA. Al igual que en casos anteriores, hay que documentar la entrada de información.

Las comunidades en las que operan las empresas cuando proponen soluciones o presentan quejas lo hacen desde el punto de vista del exterior de las instalaciones; pueden ser opiniones poco expertas por desconocimiento de los procesos y de la empresa, pero aportan el punto de vista del vecino que sufre las consecuencias y cuyas opiniones pueden desencadenar acciones que conduzcan a situaciones incómodas.

Además del respeto que debe tenerse a las personas que viven o trabajan en el entorno de la empresa y de la conveniencia de mantener buenas relaciones de vecindad, las opiniones o sugerencias sobre ruido, emisiones, acumulación de residuos u otros temas permiten identificar oportunidades de mejora y tener en cuenta las opiniones de estas personas o entidades contribuye a mejorar la imagen de la empresa.

Las administraciones públicas pueden aportar mejoras, en general, de tres maneras distintas:

1. Jornadas técnicas de formación o similares.
2. Sugerencias de mejora tras las auditorías reglamentarias.
3. Información actualizada sobre novedades y tendencias legislativas.

Es recomendable que la empresa esté abierta a cualquiera de ellas, pues afectan a un tema especialmente sensible: el cumplimiento legal.

Como resumen, la identificación de las partes interesadas y de su potencial como fuentes de mejora permiten organizar la información interna y externa de modo que se estructure la recogida, tratamiento y comunicación de las propuestas para alimentar la mejora continua del SGA, siempre aplicando el pensamiento basado en riesgos y documentando adecuadamente el proceso.

Pero las fuentes citadas no son las únicas, pues hay otra serie de medios que permiten conocer las tendencias del sector en el que opera la empresa, de la gestión ambiental y de la tecnología y sus aplicaciones.

Entre este tipo de medios, hay que comentar la prensa especializada, los congresos y jornadas temáticas o sectoriales y los blogs, foros y redes sociales sobre ciertos temas, así como la colaboración con centros educativos de distintos niveles.

ACTIVIDAD PROPUESTA 2.12.	**Reflexión sobre las propuestas de mejora**

Piensa en una empresa determinada, no muy grande y con implantación a nivel nacional. ¿Compensa organizar un sistema de recogida de sugerencias y propuestas de mejora desde las fuentes citadas? Analiza las ventajas y los inconvenientes.

2.3.2. Conocimientos actuales de la ciencia

Actualmente, hablar de conocimientos actuales de la ciencia es un poco arriesgado dada la rápida evolución del conocimiento científico y técnico.

Para hacer que el planteamiento sea lo más general posible, y que no se quede desactualizado, se van a clasificar los contenidos de interés para la gestión ambiental en cuatro grandes grupos:

1. Las tecnologías de la información (TIC) y las relacionadas con ellas.
2. El conocimiento sobre cambio climático, agujero de ozono, calentamiento global, etcétera.
3. Las tecnologías de proceso específicas de los distintos sectores de actividad.
4. La normativa y la legislación.

El objeto del análisis es la búsqueda de oportunidades de mejora a partir del conocimiento científico y tecnológico actual y su forma de aplicarlo a la gestión ambiental de la empresa a su SGA.

Las TIC y las distintas tecnologías y herramientas relacionadas con ellas se tratan en el Apartado 2.3.3, por lo que, en este, solo se comentan los otros tres; tras unas consideraciones de tipo general, se proponen métodos de búsqueda y se da información sobre determinadas fuentes.

➤ Información sobre cambio climático y temas relacionados

Es recomendable que la información sobre estos temas se obtenga de organismos internacionales, agencias ambientales y bases de datos científicas, que suelen publicar artículos, informes, guías y estándares basados en los últimos avances científicos.

En primer lugar, se indica una serie de organizaciones y entidades cuya información conviene conocer y, más adelante, se citan bases de datos de artículos científicos; entre los múltiples organismos y entidades, es recomendable conocer y visitar los sitios web de las siguientes:

- **Organismos internacionales:**
  - Grupo de las Naciones Unidas para el Desarrollo Sostenible.
  - Programa de las Naciones Unidas para el Medioambiente.
  - Grupo Intergubernamental de Expertos sobre el Cambio Climático.
  - Organización para la Cooperación y el Desarrollo Económicos.
- **Agencias nacionales:**
  - Agencia de Protección Ambiental de los Estados Unidos (EPA).
  - Agencia Europea de Medioambiente (EEA).
  - Ministerio para la Transición Ecológica y el Reto Demográfico.

  Las personas que consultan la información de estas entidades no tienen por qué ser expertas en la materia, por ello, además de informarse y formarse, hay que aplicar el sentido común y basarse en las evidencias científicas. Por ejemplo, si se dispone de una herramienta para evaluar las emisiones de gases de efecto invernadero, como es el cálculo de la huella de carbono, conviene utilizarla para evaluar la mejor solución entre varias; eso es aplicar el sentido común aprovechando los conocimientos científicos y técnicos.

Figura 2.11. Es preciso usar el sentido común para llevar a cabo un eficaz tratamiento de los temas ambientales.

Las comunidades autónomas también suelen publicar información ambiental de distinto tipo, por lo que es recomendable visitar la de la región donde opere la empresa.

ACTIVIDAD PROPUESTA 2.13.	Información de organismos oficiales
Visita los sitios web de las entidades citadas en este apartado y navega por ellos ¿Es aplicable a cualquier empresa la información encontrada?	

- **Bases de datos científicas:**
  - **Scopus y Web of Science:** plataformas de artículos científicos de diversas disciplinas, incluyendo ciencias ambientales.
  - **ResearchGate:** red social de investigadores donde se publican artículos y trabajos sobre temas varios.
  - **Google Scholar:** herramienta de Google para buscar artículos científicos, tesis y libros sobre temas ambientales.

Otra fuente de información son las revistas, congresos, jornadas, otros medios y eventos sobre temas ambientales, una forma de mantenerse informado son las alertas, por ejemplo, de Google, que permitan recibir información constantemente sobre un tema determinado.

Las grandes consultoras también publican informes sobre temas ambientales, por ejemplo:

- **McKinsey & Company:** publica informes sobre sostenibilidad y gestión ambiental.
- **Deloitte Sustainability:** ofrece análisis y soluciones para la gestión ambiental y la sostenibilidad corporativa.

➤ Tecnologías de proceso

Las tecnologías específicas que se utilizan en los procesos operativos de la empresa evolucionan con los adelantos científicos y técnicos e impulsadas por la legislación, por lo que la actualización tecnológica no solo es un tema clave para la competitividad, sino también para la mejora del desempeño del SGA.

Las principales fuentes de información, además de las bases de datos científicas ya citadas, son los fabricantes de equipos y maquinaría y las consultoras tecnológicas, sin olvidar la agencias y organismos ambientales.

La información se puede obtener en congresos, jornadas, ferias y medios digitales o mediante contratos de asesoría tecnológica, si es que la empresa no tiene suficiente potencial para desarrollar su propia tecnología o, incluso, aunque lo tenga, pues el carácter global del conocimiento hace que se puedan desarrollar varias soluciones para un mismo proceso en lugares distintos.

Los sistemas habituales de búsqueda de información son internet y los servicios externos de asesoría y consultoría.

También son de especial interés las plataformas tecnológicas, como la del agua, la de residuos y otras, que son centros virtuales en los que se comparte e intercambia información, así mismo hay que considerar la colaboración con universidades, centros de investigación, etcétera.

➤ Normativa y legislación

En este apartado, hay que considerar tanto las normas sobre SGA y otros temas relacionados como la legislación ambiental.

Las normas evolucionan y se actualizan y, como ya se ha indicado, son una buena guía para la mejora, se ha trabajado principalmente con ISO, por gozar de amplia aceptación; no son las únicas, pero, para la práctica empresarial en general, son las más adecuadas, ISO dispone un servicio que informa de las actualizaciones por correo electrónico, es gratuito y la inscripción se hace en su página web.

En cuanto a la legislación, conviene utilizar los servicios de actualización de las distintas administraciones o contratar un servicio externo, sea una plataforma de actualización legislativa o una empresa de asesoría.

Los conocimientos científicos que afectan al SGA pueden encontrarse en una amplia variedad de fuentes, incluyendo publicaciones científicas, organismos internacionales, normas y estándares, conferencias, instituciones académicas, plataformas en línea y herramientas de gestión ambiental.

Mantenerse actualizado es esencial para mejorar el desempeño ambiental, cumplir con las normativas y adoptar soluciones innovadoras. Las organizaciones que integran estos conocimientos en su SGA no solo fortalecen su compromiso con la sostenibilidad, sino que también se posicionan como líderes en la gestión ambiental mejorando la imagen de la empresa.

ACTIVIDAD PROPUESTA 2.14.	**Reflexión práctica**
¿Cómo puede una pyme con poco potencial tecnológico acceder a las fuentes citadas y aprovecharlas?	

2.3.3. Nuevas tecnologías

En este apartado, se van a comentar las nuevas tecnologías desde un punto de vista general, pues, en lo primero que se piensa al hablar de nuevas tecnologías, es en las TIC y las relacionadas con ellas; no obstante, el concepto de *nuevas tecnologías* en un sentido amplio se refiere a nuevas formas de hacer basadas en la evolución científica y técnica y, por tanto, está íntimamente relacionado con la innovación y su gestión.

En primer lugar, se va a hacer un repaso de una serie de tecnologías, en mayor o menor grado de desarrollo e implantación, para que sirvan de guía y motivo de reflexión, especialmente para las pymes.

Al comentar estos temas, es obligado hablar de transformación digital, que es, según IBM, «una iniciativa estratégica que incorpora la tecnología digital en todas las áreas de una empresa. Evalúa y moderniza los procesos, productos, operaciones y componentes tecnológicos de una empresa para permitir una innovación continua, rápida y orientada al cliente».

Hay una clara relación entre el tamaño de una empresa y la profundidad de su transformación digital, a menor tamaño, menor implantación de las tecnologías digitales, lo que lleva nuevamente a la situación de las pymes, que, por otra parte, son la inmensa mayoría de las empresas españolas, de ahí que se ofrezca la lista siguiente como muestra o escaparate, especialmente para las pymes.

ACTIVIDAD PROPUESTA 2.15.	**Transformación digital y pyme**
Investiga sobre la transformación digital y las pymes, para entender las dificultades en la adopción de las tecnologías que se muestran a continuación.	

Las nuevas tecnologías influyen en gran manera en la gestión ambiental en las empresas, permitiendo una mayor eficiencia, sostenibilidad y cumplimiento normativo. A continuación, se indican algunas de ellas:

- **Internet de las cosas (IoT o *internet of things*, en inglés):**
  - — **Aplicación:** sensores y dispositivos conectados para el seguimiento y control en tiempo real de variables ambientales como la calidad del aire, el consumo de agua, la emisión de gases o el uso de energía, entre otras.
  - — **Beneficios:** detección temprana de fugas o contaminación, optimización del uso de recursos y reducción de costes operativos y disponibilidad de información fiable y rápida, en muchos casos en tiempo real.
- **Big data (macrodatos):**
  - — **Aplicación:** análisis de grandes volúmenes de datos para identificar patrones, predecir impactos ambientales y tomar decisiones informadas; va más allá de los análisis estadísticos habituales.
  - — **Beneficios:** mejora en la planificación de estrategias sostenibles, identificación de áreas de mejora en la eficiencia energética y cumplimiento más efectivo de normativas ambientales.
- **Inteligencia artificial (IA) y *machine learning:***
  - — **Aplicación:** algoritmos que predicen y optimizan procesos para reducir el impacto ambiental, como la gestión de residuos o la optimización de rutas de transporte; la IA permite obtener información mejor y más rápida que los medios habituales de búsqueda en internet.
  - — **Beneficios:** automatización de procesos complejos, reducción de emisiones y residuos, mejora en la toma de decisiones basadas en datos.

Figura 2.12. La inteligencia artificial es una innovación disruptiva que está causando gran impacto no solo en las empresas, sino también en la sociedad.

- ***Blockchain:***
  - **Aplicación:** trazabilidad de productos y materiales en la cadena de suministro para garantizar prácticas sostenibles y éticas.
  - **Beneficios:** transparencia en la gestión de recursos, verificación del cumplimiento de estándares ambientales y reducción del riesgo de *greenwashing* (prácticas pretendidamente ambientales que no lo son realmente).
- **Robótica y automatización:**
  - **Aplicación:** uso de robots para tareas como la clasificación de residuos, limpieza de áreas contaminadas o mantenimiento de infraestructuras, además de los chatbots para tareas administrativas y los cobots para la colaboración entre persona y robot.
  - **Beneficios:** mayor precisión en la gestión de residuos, reducción de la exposición humana a entornos peligrosos, eficiencia y productividad en procesos industriales.
- **Realidad aumentada (AR) y realidad virtual (VR):**
  - **Aplicación:** simulaciones para entrenamiento en gestión ambiental o visualización de impactos ambientales y en el manejo y reparación de equipos y maquinaria.
  - **Beneficios:** mejora en la capacitación del personal, visualización de escenarios futuros para la toma de decisiones, formación y mentalización ambiental en equipos de trabajo.
- **Plataformas de gestión ambiental integrada:**
  - **Aplicación:** *software* especializado para la gestión de indicadores ambientales, como huella de carbono, consumo de agua o generación de residuos.
  - **Beneficios:** centralización de datos ambientales, que facilitan el cumplimiento de normativas como ISO 14001 y mejoran la comunicación con las partes interesadas.
- **Drones y satélites:**
  - **Aplicación:** seguimiento y control de grandes áreas para detectar deforestación, contaminación, cambios en el uso del suelo, etcétera.
  - **Beneficios:** acceso a datos precisos y actualizados, reducción de costes de inspección y control, y mejora en la gestión de recursos naturales.

- **Innovación imitativa:** implica menos riesgo y menos recursos, y sigue el camino de los líderes del sector, siempre que estos no protejan legalmente sus logros evitando el acceso a ellos.
- **Innovación de especialización:** en procesos o en productos, según su fortaleza sean los procesos (operativos) o los productos y servicios que ponen a disposición de sus clientes, requiere un desarrollo tecnológico muy ágil para no quedarse atrás con respecto a posibles competidores con estrategias más completas y agresivas.

Con estos comentarios, la pregunta es: ¿está la empresa preparada para asumir el reto tecnológico de emprender el camino de la innovación? No hay que olvidar que, en el contexto de la presente obra, se trata la innovación como una fuente de mejoras para el SGA, pero las empresas con mentalidad innovadora no deben limitarse al desempeño ambiental, por importante que sea.

ACTIVIDAD PROPUESTA 2.16.	Innovación y pyme
Averigua cuáles son las características de la empresa innovadora y las dificultades de las pymes en el proceso de innovación.	

2.3.4. Información de buenas prácticas de otras organizaciones

La información de buenas prácticas de empresas y organizaciones no siempre está disponible para terceros. En algunos casos, por estar legalmente protegida con patentes u otros medios legales; en otros, porque la empresa la considera confidencial y restringe su difusión, y, en otros, por mero secretismo.

En ocasiones, se publica en alguno de los medios citados en el Apartado 2.3.2 o se conoce por el estado del arte, llegando a constituir una especie de estándar, pero ninguna de estas vías garantiza que se pueda obtener la información deseada.

Frente a estas posturas, hay otra forma de actuar que se da, por ejemplo, en el sector del automóvil; las empresas constructoras de vehículos trabajan con márgenes bastante bajos y con inversiones muy importantes, tanto en tecnología como en instalaciones industriales, y, en general, operan a nivel global.

Las citadas características hacen que algunas de ellas hayan decidido trasladar la competencia al terreno comercial y colaborar en el terreno industrial, fabricaciones conjuntas, e incluso en el diseño y desarrollo de nuevos productos. Por ejemplo, en la fábrica que Nissan tenía en Barcelona, se crearon simultáneamente productos con marca Nissan, Renault y Opel, lo que implicaba no solo compartir tecnologías de fabricación, sino aspectos de diseño del producto; en su día, Ford y el grupo PSA (entonces Citroën y Peugeot) diseñaron, desarrollaron y fabricaron conjuntamente motores diésel.

La colaboración en materia industrial y de diseño y desarrollo de componentes implica entender que la competencia no está reñida con la colaboración cuando lo que se busca, por ejemplo, es la eficiencia en costes, pero esto suele suceder entre empresas del mismo sector que puedan obtener importantes sinergias fruto de su colaboración.

Cuando lo que se quiere es aprender de los mejores, sean del sector que sean, se recurre al *benchmarking*, que, en ocasiones, implica una colaboración pactada y estructurada para intercambiar información sobre temas concretos de interés para ambas partes.

Figura 2.14. El *benchmarking* consiste en compararse con los mejores para aprender sus buenas prácticas, aunque sean de sectores distintos.

¿Qué es el *benchmarking*?

Según una obra clásica sobre el tema, *Guía práctica de benchmarking* de Kaiser Associates, Inc., publicada por Díaz de Santos, el *benchmarking* es un proceso analítico para medir de forma rigurosa las operaciones de la propia empresa frente a las empresas *best in class* (las mejores de la clase) tanto dentro como fuera del sector. Las conclusiones del proceso permiten detectar e implantar las acciones necesarias para superar las diferencias de desempeño encontradas.

El libro citado hace referencia a la competencia, pues los procesos de *benchmarking* son de distintos tipos, pero, en el contexto de la presente obra, se plantea para aprender de los mejores, de mutuo acuerdo, y obtener información sobre gestión ambiental que permita mejorar el desempeño del SGA.

No obstante, si se puede obtener información (legalmente) que permita evaluar el desempeño del SGA de una determinada empresa y determinar las causas de su éxito, también se puede utilizar la técnica de modo unilateral.

En la obra citada, se definen los siete pasos de un buen *benchmarking:*

1. Determinar las áreas o procesos que se van a someter a *benchmarking*.
2. Identificar los indicadores y factores clave de las funciones que se van a analizar.
3. Seleccionar la empresa con un desempeño óptimo en dichas funciones.
4. Medir los resultados de las empresas seleccionadas.
5. Medir los propios resultados.
6. Definir el plan de acciones para eliminar la diferencia o incluso mejorarla.
7. Ejecutar los planes establecidos y comprobar su eficacia mediante la aplicación del ciclo PDCA.

Es un proceso delicado que debe llevarse a cabo con todo rigor, aquí se trata de aprender, pero, en otros casos, se trata de superar a la competencia, y esto es más difícil.

ACTIVIDAD PROPUESTA 2.17.	***Benchmarking***
¿Qué utilidad puede tener el benchmarking en una pyme?	

Tras analizar las distintas fuentes de información y los métodos para conseguirla, hay que hacer una profunda reflexión sobre la forma de actuar en una pyme de tipo medio; la razón de insistir en la situación y formas de actuar de las pymes es que la inmensa mayoría de las empresas españolas son de este tipo y, por tanto, son las que generan el mayor porcentaje de empleo.

ACTIVIDAD PROPUESTA 2.18.	**Las pymes y las fuentes de información**
¿Qué posibilidades tiene una pyme de conseguir y explotar adecuadamente la información sobre mejoras comentadas? ¿Cómo habría que organizarlo?	

2.4. SEGUIMIENTO Y RESOLUCIÓN DE NO CONFORMIDADES

Al hablar de no conformidades, hay que distinguir entre no conformidades reales y potenciales.

Las no conformidades potenciales provienen del análisis de riesgos aplicado a la gestión del SGA y de aquellos aspectos de la empresa que influyen o pueden influir en él. Las no conformidades reales son las que se han detectado, ya han ocurrido y, por lo tanto, requieren acción inmediata, dependiendo de su naturaleza.

Es importante hacer la distinción anterior para establecer un adecuado plan de seguimiento y control de no conformidades. Por ejemplo, en un proceso, se ha encontrado un fallo menor que afecta a un aspecto ambiental, la consecuencia no es grave y no se vulnera el cumplimiento legal; al mismo tiempo, un AMFE de proceso ha identificado un fallo potencial de consecuencias graves, alta probabilidad de ocurrencia y difícil de detectar si se produce. **¿Cuál es la prioridad?**

En el Apartado 2.2, se han comentado las distintas formas de detectar e identificar no conformidades, algunas de ellas serán reales, pero otras muchas son potenciales, fruto de los análisis de riesgos y del pensamiento basado en riesgos que hay que poner en práctica, por ejemplo, en las auditorías.

Vuelve a surgir la pregunta de cómo marcar prioridades que permitan destinar los recursos adecuados a trabajar en corrección o en prevención, pues los recursos nunca son tan abundantes como desearían las empresas y, como norma general, a mayor prevención menor corrección.

Las personas familiarizadas con el mantenimiento de equipos e instalaciones conocen los tres tipos básicos de mantenimiento; que no son los únicos, pero sí los que interesan en el contexto del apartado.

- **Mantenimiento correctivo:** se arregla lo que ya se ha estropeado, se utiliza en equipos y aparatos de bajo coste y cuyos fallos no son graves; por ejemplo, si en un almacén falla una de las luminarias, se repone, con la única precaución de que se compruebe habitualmente que todas funcionan.
- **Mantenimiento preventivo:** los equipos, o sus componentes, se revisan y reponen a intervalos regulares o dependiendo del uso; por ejemplo, los cambios de aceite, de neumáticos o de correa de la distribución en un vehículo. Permite planificar las paradas y, por tanto, no debe distorsionar las operaciones.
- **Mantenimiento predictivo:** se hace un seguimiento continuo de una determinada característica del equipo que indique que se vaya a producir un fallo, el equipo se para y se repara antes de que el fallo sea catastrófico, requiere equipos redundantes para no interrumpir el servicio, pues se aplica en maquinaria de alta responsabilidad. Por ejemplo, las bombas de agua de los sistemas de refrigeración de las centrales térmicas, cuando se registra un determinado nivel de temperatura o de vibración, se paran, entran las de reserva y se reparan sin grandes problemas; ni se ha producido un fallo grave ni se ha interrumpido el servicio.

Cuando un buen plan de mantenimiento se completa con simulacros y con los correspondientes planes de contingencia, es de esperar que el control de los procesos sea el adecuado, incluso en situaciones de emergencia.

Figura 2.15. Es preciso saber valorar la gravedad de un fallo, ya sea real o potencial.

¿Qué conclusiones se pueden extraer para la gestión de no conformidades?

La primera conclusión es que hay que categorizar las no conformidades, como ya se ha comentado anteriormente; hay métodos de análisis de riesgo que permiten hacerlo, como el AMFE mediante el índice de prioridad de riesgos, y en las auditorías se clasifican en no conformidades mayores y menores.

Las no conformidades mayores se deben al incumplimiento de algún requisito, incluyendo el cumplimiento legal, y requieren una acción inmediata cuando se detectan, las menores pueden esperar, siempre que se haga un plan de acciones y se cumpla y que no se aprecie riesgo de que degeneren en algo más grave.

A las no conformidades menores, reales o potenciales, hay que aplicarles el mantenimiento correctivo, pues se producen y se corrigen según el plan previsto y siempre que no haya riesgo de que se compliquen. Si falla una lámpara, se arregla; si los fallos son constantes, puede haber un problema en la instalación que requiere acción inmediata.

Ciertas no conformidades mayores pueden detectarse mediante el mantenimiento preventivo, que consiste en revisar las actividades, como el cumplimiento legal, a intervalos regulares o en momentos de alerta como un cambio inesperado de reglamentación. Requieren un sistema de seguimiento y detección que permita gestionar las áreas afectadas sin alterar su funcionamiento de forma no planificada.

El mantenimiento predictivo, el control continuo que permite detectar problemas antes de que ocurran, es el que se aplica mediante el seguimiento y control de indicadores y el análisis de sus tendencias, especialmente en los procesos operativos.

Todo ello sin olvidar los simulacros, que permiten elaborar planes de contingencia para casos de emergencia.

La categorización de las no conformidades depende en gran manera del método de análisis de riesgo utilizado y del sistema de identificación de aspectos ambientales significativos, pues pueden verse afectados por las desviaciones.

Una vez establecida la clasificación, o categorización, de las no conformidades, hay que controlarlas, resolverlas y hacer seguimiento, ya sea para gestionar el plan de acciones correctivas o para comprobar la eficacia de estas.

Una parte importante del plan de acciones es el análisis de las desviaciones, o no conformidades, para determinar sus causas, pero nuevamente hay que distinguir entre las reales y las potenciales.

Las no conformidades potenciales se identifican mediante las distintas técnicas de análisis de riesgos, en las cuales, como el AMFE, el propio método de análisis identifica causas y prioriza los modos de fallo, por lo que se puede actuar directamente sobre la causa y eliminarla.

Al tratar las no conformidades reales, es recomendable distinguir entre lo que Deming, en su libro *Calidad, competitividad y productividad,* denomina *causas comunes* y *causas especiales.*

Las causas comunes se deben al proceso, mientras que las especiales son fallos aleatorios y esporádicos. Ambos son conceptos importantes a la hora de analizar las no conformidades. Por ejemplo, si se detecta un incumplimiento de la legislación, no tendrá la misma solución la falta de formación en las bases de datos de legislación ambiental que impida al responsable identificar los cambios legislativos que un fallo de transcripción del número de un real decreto. En el primer caso, hay un fallo del proceso (sistema) y no basta con corregir el defecto encontrado, pues hay que formar al personal o cambiarlo; en el segundo caso, habría que poner un sistema que detecte los fallos aleatorios, si es posible.

En los fallos producidos por causas especiales, puede bastar con la corrección, los producidos por causas comunes requieren identificar la causa final (lo que se denomina *causa raíz,* del inglés *root cause*) y hacer cambios en el sistema (en los procesos).

Para el análisis de causas de las no conformidades reales, es muy recomendable conocer lo que se denomina *las 7 herramientas,* utilizadas en la resolución de problemas según se explica con detalle en el libro de esta editorial *Puesta en marcha del sistema de gestión ambiental.*

ACTIVIDAD PROPUESTA 2.19.	**Las 7 herramientas**
Averigua qué son las 7 herramientas y cómo se utilización. Amplía la información investigando sobre las 7 nuevas herramientas.	

¿Qué significa encontrar la causa raíz?

Hay una técnica muy ilustrativa, la de los 5 porqués, que se entenderá más claramente con un ejemplo clásico:

Por la falta de un clavo fue que la herradura se perdió,
por la falta de una herradura fue que el caballo se perdió,
por la falta de un caballo fue que el caballero se perdió,
por la falta de un caballero fue que la batalla se perdió,
y así como la batalla fue que un reino se perdió,
y todo porque fue un clavo el que faltó.

La causa final de la pérdida del reino fue el clavo de una herradura; la moraleja es que no hay que quedarse en lo evidente, hay que llegar hasta el fondo de la cuestión.

Un aspecto clave del seguimiento de las no conformidades y de los planes de acción para su resolución, estableciendo las prioridades que permitan mantener el desempeño del SGA y optimizar el uso de los recursos, es la categorización de las desviaciones, su valoración, dado que es especialmente importante en las no conformidades potenciales, muchas de las cuales se identifican mediante el análisis de riesgos.

ACTIVIDAD PROPUESTA 2.20.	**Análisis de riesgos**
Busca IEC 31010:2019 y léela para ver los distintos métodos de análisis de riesgos que contempla.	

2.4.1. Corrección

ISO 14001:215 solamente define la acción correctiva, pero para enlazar con las no conformidades potenciales, ya comentadas, conviene recordar las siguientes definiciones:

- **Acción preventiva:** acción tomada para eliminar la causa o causas de una no conformidad potencial y evitar que ocurra.
- **Acción correctiva:** acción para eliminar la causa o causas de una no conformidad y evitar que vuelva a ocurrir.

La acción correctiva evita que algo que ya ha ocurrido vuelva a ocurrir y la preventiva evita que algo ocurra. Una corrección, eliminar una no conformidad detectada, puede efectuarse con anterioridad, simultáneamente o después de una acción correctiva. Reparar una máquina es corregir, por tanto, eliminar la causa del fallo es una acción correctiva y evitar un fallo potencial es una acción preventiva, la ventaja de usar este vocabulario es que pone de manifiesto el carácter eminentemente preventivo del análisis de riesgos.

Para enmendar un fallo, una no conformidad, se puede adoptar una solución definitiva o una temporal o provisional. En el primer caso, se soluciona el problema de forma que no se requiere una solución posterior, la solución adoptada es correcta desde el punto de vista técnico y económico.

Cuando se adopta una solución temporal o provisional, lo que se pretende es solucionar el problema, para evitar los efectos indeseados, pero, en paralelo, se estudia una solución más adecuada técnica y económicamente.

Figura 2.16. La solución provisional busca un camino alternativo, mientras que la definitiva elimina el obstáculo y permite seguir el camino previsto.

La adopción de soluciones (correcciones) provisionales o definitivas no siempre responde a planteamientos técnicos, ni siquiera económicos, sino a una falta de sensibilidad hacia las necesidades del cliente y a fallos en la planificación, cuando la empresa no es capaz de responder con agilidad a los imprevistos.

La falta de sensibilidad de ciertas áreas de la empresa se puede trabajar mediante formación y mentalización, de modo que se entienda que hay que respetar las expectativas de las partes interesadas, especialmente en temas ambientales.

La correcta planificación requiere un claro esquema de prioridades y entender que, en ocasiones, lo perfecto es enemigo de la bueno; una solución idónea, al cabo de seis meses, puede acarrear graves problemas, mientras que una solución provisional rápida evita la presión exterior y resuelve el problema.

Un ejemplo ayudará a entenderlo mejor, por lo que el siguiente caso se plantea a efectos meramente ilustrativos:

- Se ha detectado la contaminación de un río por vertidos industriales producidos por un accidente.
- La solución provisional es la instalación de barreras flotantes y sistemas de filtración temporal en el río para retener los contaminantes y evitar que se dispersen aguas abajo; es una solución rápida y de bajo coste que mitiga el daño causado por los vertidos.

- La solución definitiva es la instalación de un sistema de tratamiento de aguas residuales en las industrias que vierten al río, que cumpla la legislación vigente y que prevea sanciones para garantizar su cumplimiento, con lo que se evitarán vertidos contaminantes, se cumplirá la legislación y se permitirá la recuperación del ecosistema.
- La solución provisional mitiga rápidamente el daño, pero no resuelve el problema de fondo; la solución definitiva elimina las causas del problema, garantizando una protección ambiental a largo plazo y promoviendo la sostenibilidad, ambas son complementarias y necesarias en un enfoque integral para resolver problemas ambientales.

En cualquier caso, hay que hacer un plan de trabajo, analizar las causas y documentar las soluciones; la prevención no solamente consiste en eliminar las causas, sino que también el aprendizaje es importante para saber cómo actuar en el futuro.

En algunas empresas, se utilizan formatos específicos para el análisis de fallos, o no conformidades, y para documentar las soluciones; en la Figura 2.17, se muestra uno de estos formatos, denominado *QC*.

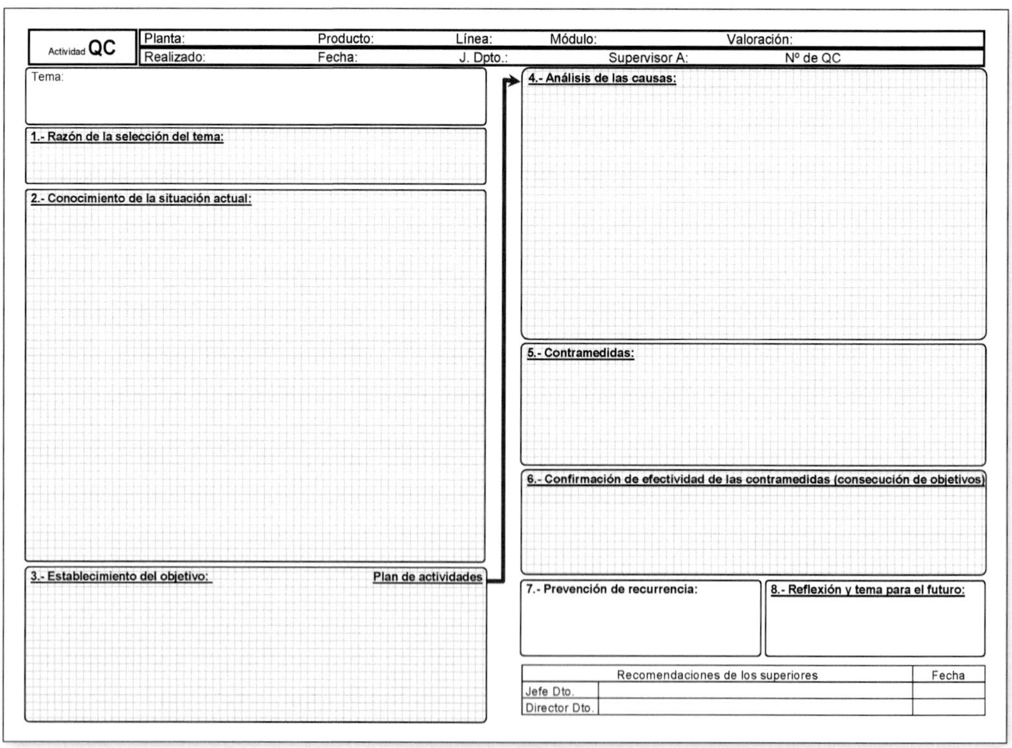

Figura 2.17. Formato QC para el análisis de fallos y para documentar las soluciones.

Es un formato real utilizado en empresas del sector del automóvil. En la cabecera, se identifica el lugar o área donde se ha originado el problema, el autor y quién lo autoriza o supervisa. En el resto de apartados, se define el tema que se va a tratar, la razón que hay para ello, el conocimiento de la situación actual, información objetiva y con datos que permitan evaluar el incidente, el objetivo que se quiere alcanzar, el plan de trabajo, con acciones fechas y responsables, el análisis de causas, las acciones tomadas (contramedidas), la confirmación de que se han cumplido (o no) los objetivos marcados, esta actividad debe estar incluida en el plan de trabajo, prevención de recurrencia y cómo el trabajo hecho puede ser aplicable en otras áreas o situaciones, presentes y futuras (lecciones aprendidas), terminando con las recomendaciones y consejos de los superiores.

La experiencia demuestra que el formato funciona, aunque es recomendable adaptarlo a la empresa que lo quiera utilizar, pues, como se comenta en el Apartado 2.4.2, es un formato versátil que se puede usar para distintos fines.

ACTIVIDAD PROPUESTA 2.21.	Formato QC
Investiga sobre formatos de tipo QC para profundizar en su uso y aplicaciones.	

2.4.2. Acción correctiva

La definición de *acción correctiva* de ISO 14001:2015, acción para eliminar la causa o causas de una no conformidad y evitar que vuelva a ocurrir, incluye tanto las acciones correctivas como las preventivas, según se han definido anteriormente.

Cuando se tienen claras las definiciones de no conformidad real y potencial y que el objetivo es eliminar las causas que las han motivado o que podrían motivarlas, lo recomendable es utilizar el lenguaje que mejor se adapte a la cultura de la empresa.

Antes de seguir, conviene hacer un comentario sobre el formato QC, tal y como se muestra en la Figura 2.17, que ya se ha indicado que es un formato real utilizado en el sector del automóvil; hay empresas en las que su utilidad fundamental es el análisis de las mejoras propuestas por los equipos de mejora formados por operarios, que, en general, manejan temas sencillos, por lo que se tiende a utilizar la menor cantidad posible de papel, poco texto y preferiblemente información gráfica.

Pero lo importante es la manera de estructurar el análisis y la información, tanto en la fase de estudio como para el seguimiento de acciones y su archivo, dejando constancia del trabajo hecho, la extensión del documento debe ser la necesaria de acuerdo con el tema objeto de estudio, por lo que es válido para cualquier problema o mejora, como se indica en el Apartado 2.5.

Figura 2.18. Las acciones correctivas requieren un detallado y riguroso análisis de causas para evitar la repetición del fallo.

Se van a comentar las distintas casillas del formato para un mejor entendimiento de la manera de trabajar. Hay que identificar al autor, el área de la empresa y demás datos que permitan ubicar el tema objeto de estudio y que son necesarios a efectos de análisis y evaluación de la gestión de las acciones correctivas y de los problemas en general.

En la casilla Tema, hay que describir el asunto objeto de estudio, hay que describirlo de forma clara y concisa, siendo consciente de que, si no se es capaz de describir claramente el tema, va a ser difícil analizarlo y más difícil todavía resolverlo.

A continuación, se va a trabajar sobre un ejemplo ficticio, se ha generado por IA utilizando DeepSeek, con la doble finalidad de proponer la herramienta al alumnado para plantear sus propias actividades y para que pueda mejorar la forma de cumplimentar cada casilla, si lo considera pertinente.

Tema

La chimenea de la fábrica está emitiendo partículas contaminantes (material particulado PM 10 y PM 2,5).

1. Razón de la selección del tema

Quejas de los vecinos, posible incumplimiento de la legislación y posibles sanciones.

2. Conocimiento de la situación actual

Especificaciones y requisitos: límite máximo permitido de PM 10: 50 µg/m³. Límite máximo permitido de PM 2,5: 25 µg/m³. Normativa aplicable: Ley Ambiental Local 1234, Artículo 5.

Resultados de la inspección: se realizó una medición de las emisiones de la chimenea utilizando un equipo de medida de la calidad del aire. Los resultados fueron los siguientes:

Parámetro	***Especificación***	***Resultado***	***Observaciones***
PM 10	*≤50 µg/m³*	*65 µg/m³*	*Excede el límite permitido*
PM 2,5	*≤25 µg/m³*	*30 µg/m³*	*Excede el límite permitido*

3. Establecimiento del objetivo/plan de actividades

Objetivo: PM 10 ≤ 50 µg/m³ y PM 2,5 ≤ 25 µg/m³.

Plan de actividades:

- *Solución provisional: realizar mantenimiento inmediato a los filtros de mangas existentes y reducir temporalmente la producción en un 20 % para disminuir la carga de emisiones (hay que definir a los responsables y las fechas objetivo).*
- *Análisis de causas: del que se deriva la solución definitiva (hay que definir el responsable y la fecha objetivo).*

Las siguientes casillas se comentan en el Apartado 2.5. Para completar la exposición de las acciones correctivas, hay que tener en cuenta dos aspectos fundamentales: el primero es que, habitualmente, el tratamiento de los temas es un trabajo de equipo y el segundo que el tratamiento del tema depende de si la no conformidad es real o potencial.

El ejemplo anterior es una no conformidad real, ya se ha producido, de forma inesperada, y, por tanto, hay que hacer un completo estudio de causas para llegar a una solución. En el caso de las no conformidades potenciales, detectadas, por ejemplo, mediante un AMFE de proceso, es el propio método de análisis el que identifica las causas, pues implica su conocimiento en muchas de las técnicas utilizadas para el análisis de riesgos (como se ha visto al realizar la Actividad propuesta 2.18).

Del mismo modo, a la hora de categorizar las no conformidades para establecer las prioridades y los correspondientes planes de trabajo, a las no conformidades reales hay que asignarles un valor o categoría que permita evaluar su gravedad. En el ejemplo, está claro que es una no conformidad mayor que afecta al cumplimiento legal; muchas de las técnicas de análisis de riesgos permiten asignar valores y, por tanto, fijar prioridades.

Como resumen, se puede afirmar que el método QC, o similar, permite un tratamiento racional y sistemático de las acciones correctivas, con independencia de si responden a no conformidades reales o potenciales, teniendo en cuanta la información de partida en cada caso.

ACTIVIDAD PROPUESTA 2.22.	AMFE
Investiga sobre el AMFE para familiarizarte con métodos de análisis de riesgo que permiten cuantificar los fallos potenciales y que identifican las causas de los fallos.	

2.5. GESTIÓN DE ACCIONES CORRECTIVAS Y PREVENTIVAS

En el Apartado 2.4, se ha indicado que la distinción entre acciones correctivas y preventivas carece de importancia siempre que se tenga clara la diferencia entre no conformidades reales y potenciales, su origen y la información de que se dispone en el momento de identificarlas.

En ambos casos, se puede utilizar el método QC para su estudio y registro, pero este método va más allá del análisis de no conformidades, pues el mismo sistema puede utilizarse para la resolución de problemas.

¿Qué es un problema? Un problema es la distancia que hay entre la situación real (A) y el objetivo (B) de la Figura 2.19.

Figura 2.19. Un problema es la distancia entre donde se está (A) y adonde se quiere llegar (B).

El concepto de *problema* es aplicable a una no conformidad real, la situación actual es que ha habido un fallo y el objetivo es resolverlo y eliminar sus causas; se puede aplicar a una no conformidad potencial. Actualmente, existe la posibilidad de que se produzca un fallo y el objetivo es eliminar las causas que podrían producirlo evitando que ocurra; un problema es reducir la cantidad de residuos, de modo que la cantidad de residuos generados en la situación B sea menor que la cantidad generada en la situación A, las mejoras también pueden ser tratadas como problemas.

Por tanto, se puede afirmar que el método QC, u otro similar, es aplicable al tratamiento de problemas, con carácter general, lo que permite estandarizar el método de trabajo.

No hay que olvidar algo que parece evidente, pero que conviene recordar, la distancia entre A y B debe ser medible, como diferencia del valor de un indicador (cuantitativo) en B y en A.

Continuando con el QC, se llega a la casilla 4, Análisis de causas; el alumnado debe estar familiarizado con las 7 herramientas tras hacer la Actividad propuesta 2.17, pero se va a comentar uno de los muchos formatos del diagrama de causa efecto que es especialmente útil en los procesos operativos y que insiste en el carácter multidisciplinar del análisis de causas; hay que hacerlo en equipo, entre personas que dominen distintas disciplinas.

Antes de proceder al estudio del método citado, es recomendable poner de manifiesto que cinco de las 7 herramientas —la hoja de recogida de datos, los gráficos de control, el histograma y el pareto y el diagrama de correlación— sirven para hacer análisis estadísticos sencillos de los datos, mientras que el diagrama de flujo permite visualizar el proceso y el de causa efecto marca el camino que hay que seguir en el análisis de causas.

El diagrama de causa efecto también se denomina *de espina de pescado* o *de Ishikawa.*

En la Figura 2.20, se muestra un esquema del diagrama de causa efecto que hace referencia al modelo de las 4 M, que se refieren al modelo *man* (personas), *material* (materiales), *method* (método e información) y *machinery* (maquinaria y equipo), que es una forma sencilla de identificar los recursos necesarios para los procesos, especialmente para los procesos operativos.

Al hacer el análisis de causas, se escribe el problema objeto de análisis en la punta de la flecha horizontal y, en cada una de las ramas (en las flechas azules), se escriben las posibles causas de ese grupo, lo que permite sistematizar el análisis y pone de manifiesto el carácter multidisciplinar de este.

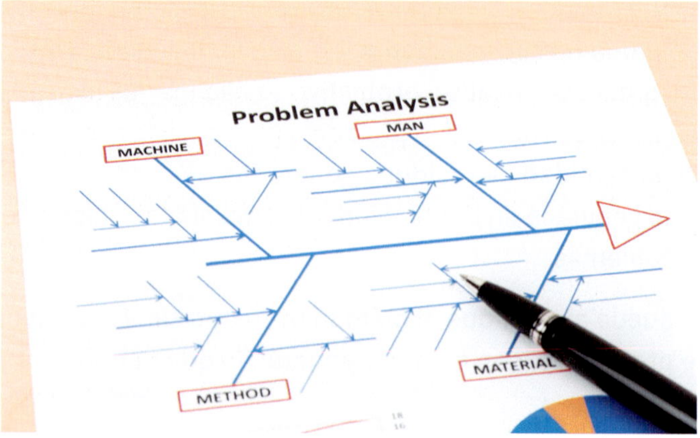

Figura 2.20. Diagrama de causa efecto con el modelo de las 4M.

La eficacia del método radica en seguir ordenadamente los pasos a la hora de definir las posibles causas, para lo cual conviene tener convenientemente ilustrado el diagrama sobre el que se trabaja, listando las causas más probables.

En la casilla 5, Contramedidas, se listan las acciones correctivas correspondientes, tanto las provisionales (temporales) como las definitivas.

Al establecer el plan de acciones, hay que definir el objetivo que se pretende alcanzar, con los responsables de las acciones y la fecha prevista. En dicha fecha, hay que comprobar la eficacia comparando el resultado obtenido con el objetivo; es la aplicación del ciclo PDCA a un problema concreto.

La casilla 7, Prevención de recurrencia, responde a la pregunta: ¿qué hay que hacer para que no vuelva a ocurrir el problema? Es una forma indirecta de aplicar el pensamiento basado en riesgos a la solución de los problemas.

Si la causa del problema fuera que los operarios no tiene la formación adecuada, no basta con formar solamente a la persona que opera y mantiene los filtros, pues puede ponerse enferma y se vuelve plantar la situación que ha causado el problema, por lo que hay que disponer de personal formado, flexible y polivalente, capaz de desempeñar distintos puestos de trabajo y cubrir bajas; es práctica habitual en las líneas de montaje en las que la cantidad de personal flexible y polivalente se fija en función del absentismo.

La casilla 8, Reflexión y tema para el futuro, puede parecer redundante con respecto a la 7, pero su objeto es mirar hacia delante para hacer los cambios que proceda en el sistema; por ejemplo, prever y presupuestar formación para disponer de operarios polivalentes en toda la planta, en los puestos clave, al hacer los planes anuales de formación.

Las recomendaciones de los superiores tienen una doble finalidad, que se den por enterados y aprovechar su experiencia y conocimientos para enriquecer el análisis; por ejemplo, el director de la planta puede planificar la instalación de un control continuo de emisiones para asegurarse del cumplimiento legal.

La conclusión es que el QC es una buena herramienta para el análisis de problemas, pues contempla tanto la corrección como la acción correctiva y un somero análisis de riesgos.

Utilizando los diagramas de flujo y de causa efecto y apoyándose en el modelo de las 4M, se puede definir un protocolo de análisis que facilita el trabajo del equipo responsable.

La gestión de las acciones correctivas y preventivas tiene dos finalidades:

1. Resolver los problemas y mejorar el desempeño del SGA.
2. Aprender para el futuro.

La primera es evidente y se tiene muy clara en general, la segunda no tanto, pero también es importante para la mejora continua del SGA y para evitar que se repitan los problemas; en las empresas, las fábricas son entornos muy dinámicos, por lo que las lecciones aprendidas y la vigilancia continua es fundamental.

El método QC funciona, lo avala la experiencia, pero no es el único, como se verá en la Actividad propuesta 2.23. la ventaja de estos métodos es que permiten estandarizar la forma de trabajar, de modo que, con la adecuada formación, los expertos en procesos pueden hacer análisis de problemas con buenos resultados; si a eso se une la definición en los correspondientes procedimientos y la correcta gestión de los registros, las lecciones aprendidas, la resolución de problemas se convierte en una herramienta muy potente para mejorar el desempeño del SGA.

ACTIVIDAD PROPUESTA 2.23. 8D

La metodología 8D también es muy utilizada en la resolución de problemas, por ello se proponen las siguientes tareas:

1. Utiliza la IA para la descripción de la metodología 8D y para poner un ejemplo.
2. Realiza una lectura crítica del resultado y mejóralo, para familiarizarte con la herramienta.

2.5.1. Estudio de causas

Uno de los métodos habitualmente utilizados para el análisis de causas en las no conformidades reales (las que ya han sucedido) es el diagrama de causa efecto, que se puede enriquecer con el modelo de las 4M para preparar los formatos y estandarizar el sistema de trabajo.

No es la única manera de utilizarlo, pues, dependiendo de la forma de trabajar de la empresa, se pueden preparar distintos formatos, es decir, contemplar distintas causas preestablecidas que guíen en el análisis.

Al utilizar este método, puede surgir una duda sobre el criterio para elegir las causas más probables, aquellas sobre las que hay que trabajar con prioridad, pues el método permite listar una serie de causas, sobre todo si los miembros del equipo de análisis son expertos en la materia.

Al ser un trabajo de equipo, la efectividad del método depende, en gran manera, de cómo se desarrolle el trabajo conjunto; un sistema que conviene conocer y poner en práctica es el *brainstorming,* que se traduce como «lluvia de ideas» o «tormenta de ideas».

El fundamento de esta técnica es el respeto a las opiniones de los demás, que se exponen en un clima abierto, cada miembro da su opinión, que es debatida y valorada de forma objetiva, hasta que se llega a un resultado final fruto del acuerdo basado en el conocimiento y experiencia de los miembros del equipo.

ACTIVIDAD PROPUESTA 2.24.	***Brainstorming***
Investiga sobre el *brainstorming* y su aplicación a los análisis de causas.	

En los análisis de causas de las no conformidades reales como el diagrama de causa efecto, el árbol de fallos y otros similares, las decisiones se toman, a menudo, por consenso, por acuerdo entre los participantes. Entre profesionales cualificados que trabajan en un clima de respeto, esta forma de actuar no tiene por qué dar problemas, pero hay otros métodos para valorar las posibles soluciones que se basan en asignarles un valor que permita priorizar. Se trata de los denominados *métodos AHP (analytic hierarchy process)* o *métodos analíticos jerárquicos,* es decir, un método multicriterio que permite evaluar y priorizar distintas opciones basándose en criterios específicos, por lo que puede ser recomendable su utilización en problemas muy complejos.

Figura 2.21. Los métodos multicriterio asignan valores a las distintas opciones, lo que permite priorizar.

Los métodos citados no siempre son fáciles de aplicar y la asignación de valores a las distintas opciones también puede ser subjetiva, pero conviene conocer su existencia, por si fuera necesario aplicarlos, se deja como ejercicio al lector buscar información al respecto, si lo considera oportuno.

Se ha citado el método de los 5 porqués, que puede ser útil para una primera aproximación al problema, y del árbol de fallos, pero la recomendación es utilizar el diagrama de causa efecto estandarizando la forma de trabajar y tomando las decisiones por acuerdo entre los miembros del equipo de análisis.

Siguiendo con el ejemplo de las emisiones gaseosas (PM 10 y PM 2.5), a continuación, se indica una forma de rellenar los distintos apartados del diagrama de causa efecto. En la punta de la flecha, hay que escribir: «Emisión de partículas contaminantes PM 10, 65 $\mu g/m^3$ y PM 2,5 30 $\mu g/m^3$».

En cada uno de los grupos, se podría escribir, por ejemplo:

- ***Man* (personas)**: un subgrupo, formación; el personal que opera lo filtros no tiene la formación adecuada.
- ***Material* (materiales)**: un subgrupo, filtros; los filtros no son los adecuados al tamaño de las partículas.
- ***Method* (método e información)**: un subgrupo, mantenimiento; no se sigue el plan de mantenimiento de los filtros.
- ***Machinery* (maquinaria y equipo)**: un subgrupo, aspiradores; los aspiradores previos no actúan correctamente.

El análisis hay que hacerlo entre personas expertas en los distintos aspectos del proceso y utilizar el diagrama de flujo de este puede ayudar en el proceso.

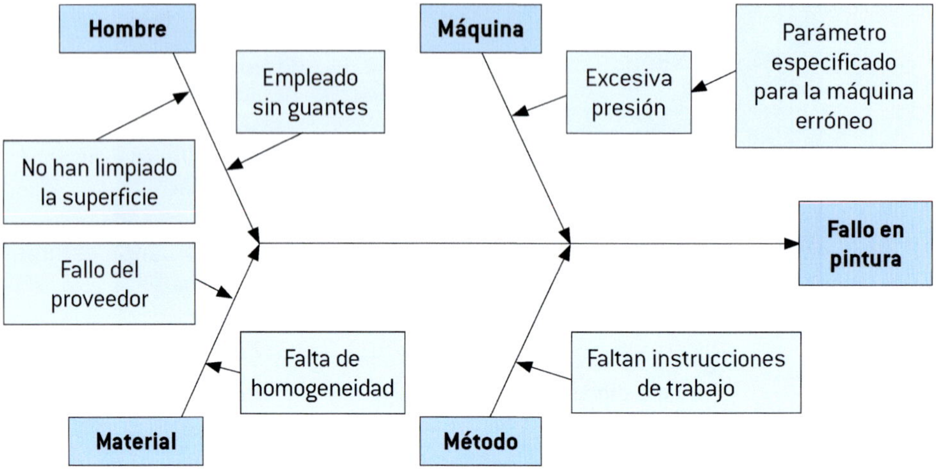

Figura 2.22. Ejemplo de análisis causa efecto con el modelo de las 4M.

El **análisis de causas** del ejemplo ha arrojado el siguiente resultado:

- El sistema de filtración actual (filtros de mangas) está obsoleto y no tiene la capacidad para retener partículas finas.
- La falta de mantenimiento preventivo en los filtros ha reducido su eficiencia.
- El aumento en la producción de la fábrica ha incrementado la carga de partículas emitidas.

El diagrama de flujo del proceso facilita el trabajo al permitir visualizar el flujo de materiales y los equipos implicados.

Una vez determinadas las causas, se elabora un plan de trabajo para implantar las soluciones pertinentes, con indicación de los responsables, las fechas objetivo, los valores que se quieren obtener y el tiempo que debe transcurrir para comprobar la eficacia de las soluciones.

¿Se podría haber trabajado de otra manera?

La no conformidad se ha producido por fallos en los procesos operativos, por lo que, en un AMFE de proceso, deberían haberse detectado.

En el siguiente ejemplo, generado por IA con DeepSeek, se muestra un AMFE de proceso (ejemplo ficticio, solo válido a efectos explicativos del método), con indicación del significado de las columnas.

AMFE de proceso

Proceso: *tratamiento de aguas residuales en planta química.*
Equipo responsable: *departamento de medioambiente.*
Fecha: *dd/mm/aa.*

Paso del proceso	Fallo potencial	Efecto del fallo	Severidad (S)	Causa(s) potencial(es)	Ocurrencia (O)	Controles actuales	Detección (D)	IPR (S × O × D)	Acciones recomendadas	Responsable
Neutralización de pH	El pH no se ajusta a 6-8	Aguas tóxicas descargadas al río	9 (Alto impacto ambiental)	Dosificador de químicos bloqueado. Sensor de pH descalibrado.	5	Inspección visual cada 4 horas	4	180	Instalar un sensor de pH automático con alarma. Mantenimiento semanal del dosificador.	Ingeniero químico
Filtración de sólidos	Filtros saturados	Lodos contaminantes en efluente	7	Falta de limpieza programada. Aumento inesperado de carga.	6	Revisión diaria manual	5	210	Automatizar el sistema de retrolavado. Control en tiempo real con IoT.	Supervisor de planta
Sedimentación	Tiempo insuficiente	Partículas en suspensión	6	Flujo de entrada excesivo. Diseño inadecuado del tanque.	4	Muestreo laboratorio 2 al día	3	72	Rediseñar tanque con deflectores. Control de flujo automatizado.	Jefe de procesos

Explicación de las columnas:

- ***Fase del proceso:*** *etapa analizada (por ejemplo, neutralización y filtración).*
- ***Fallo potencial:*** *qué puede salir mal (por ejemplo, pH fuera de rango).*
- ***Efecto:*** *consecuencia ambiental/operativa (por ejemplo, contaminación del río).*
- ***Severidad* (S):** *escala 1-10 (10 = mayor daño).*
- ***Causas:*** *orígenes técnicos/procedimentales (por ejemplo, sensor defectuoso).*
- ***Ocurrencia* (O):** *probabilidad de que falle (1-10, 10 = frecuente).*
- ***Controles actuales:*** *medidas existentes para detectar/prevenir.*
- ***Detección* (D):** *capacidad para detectar el fallo a tiempo (1-10, 10 = difícil detectar).*
- ***IPR (índice de prioridad de riesgo):*** S × O × D. *Prioriza acciones (IPR > 150 requiere atención urgente, por ejemplo).*
- ***Acciones recomendadas:*** *soluciones para reducir el IPR.*

El AMFE es un método muy potente para detectar no conformidades potenciales, cuyas causas identifica y permite priorizar mediante el IPR.

Resumiendo, hay distintos métodos para realizar los análisis de causas, pero la recomendación es trabajar con el diagrama de flujo y el diagrama de causa efecto en las no conformidades reales y con el AMFE de proceso como herramienta preventiva para los procesos operativos.

En ambos casos, se requiere un equipo de trabajo, que debe estar integrado por técnicos en la materia y con formación en métodos tales como el *brainstorming*.

2.5.2. Propuesta de acciones

Volviendo al formato QC, en la casilla 5, se deben listar las acciones correctivas derivadas del análisis de causas, sea fruto de un AMFE, de un análisis mediante el diagrama de causa efecto o de cualquier otro método utilizado.

En el ejemplo de las emisiones (hay que recordar que es un ejemplo ficticio obtenido mediante la IA de DeepSeek), las acciones propuestas son:

- **Corto plazo (solución provisional):**
  - — Realizar mantenimiento inmediato a los filtros de mangas existentes.
  - — Reducir temporalmente la producción un 20 % para disminuir la carga de emisiones.
- **Largo plazo (solución definitiva):**
  - — Instalar un sistema de filtración más avanzado (electrofiltros) que garantice la retención de partículas finas.
  - — Implementar un programa de mantenimiento preventivo mensual para los filtros.
  - — Capacitar al personal en buenas prácticas operativas para minimizar emisiones.

La diferencia entre la solución provisional y la definitiva es evidente, pues la primera es rápida y barata, si no se tiene en cuenta el coste de la bajada de producción, mientras que la segunda requiere instalar nuevos equipos, cambiar los métodos de trabajo (mantenimiento) y formar al personal, actividades que implican tiempo y recursos.

En este caso, la no conformidad implica que se incumple la ley, con lo que se requiere una solución rápida, de choque, que evite consecuencias legales, por lo que el coste puede dejar de ser prioritario. La prioridad la marca el hecho de que se trata de una no conformidad mayor.

Figura 2.23. La acción correctiva debe ser coherente con las causas del fallo y proporcionada con sus efectos.

¿Qué sucedería en el supuesto de que el plan de acciones fuera real y de que hubiera que presentárselo al responsable de la planta?

Como ya se indicado, el ejemplo es ficticio y se ha generado por IA, pero es una buena oportunidad de someter a un análisis crítico la propuesta de acciones.

El primer paso del análisis es comprobar si las propuestas son coherentes con las causas detectadas:

- El sistema de filtración actual (filtros de mangas) está obsoleto y no tiene la capacidad para retener partículas finas.
- La falta de mantenimiento preventivo en los filtros ha reducido su eficiencia.
- El aumento en la producción de la fábrica ha incrementado la carga de partículas emitidas.

La primera corrección es realizar un mantenimiento inmediato a los filtros de mangas existentes, pero, si los filtros no tienen capacidad para retener partículas finas, no parece muy eficaz, habría que indicar claramente cuál es la capacidad de filtrado de esos filtros para ver si la medida es o no eficaz.

La segunda medida es reducir temporalmente la producción un 20 % para disminuir la carga de emisiones, lo que tiene cierta lógica, pero hay que hacer unos cálculos, suponiendo que el volumen de partículas PM 10 y PM 2,5 es proporcional al volumen de producción. El 80 % de 65 es 52 y el 80 % de 30 es 24, no se cumple el objetivo de PM 10, pero sí el de PM 2,5; por lo tanto, la solución no parece muy adecuada, se sigue incumpliendo la norma.

Es un ejemplo, pero muestra el camino que hay que seguir para comprobar la coherencia entre las causas y las soluciones, que deberían ser cambiar los filtros y bajar la producción, para que entre ambas se cumpla la norma, pues estas situaciones de incoherencia entre las causas y las soluciones también se dan en la práctica.

Del mismo modo, habría que proceder con las soluciones definitivas, hay que comprobar, *a priori,* con estimaciones o con las especificaciones de los equipos que las soluciones son adecuadas y, en el plan de acciones, fijar un periodo de comprobación de la estabilidad de los procesos, de modo que se siga cumpliendo el objetivo al alcanzar la *velocidad de crucero.*

En el caso de que las acciones se deriven de un AMFE de proceso, como se muestra en la tabla del segundo ejemplo, la primera acción es la que corresponde al IPR 210 y después a la de IPR 180, las acciones correctivas son las indicadas, pero también hay que comprobar que se cumplen los objetivos y, una vez diseñados los nuevos procesos, realizar un AMFE de ellos antes de ponerlos en producción, que es una de las ventajas del AMFE que se puede hacer antes de implantar, como medida preventiva eliminando las causas de los fallos potenciales.

Resumiendo, las acciones correctivas deben ser acordes con las causas del fallo y proporcionadas a sus efectos, hay que estimar su efecto con simulaciones, por la experiencia, según las especificaciones de los equipos o mediante cualquier otro medio fiable, si no se hace así, puede que las acciones correctivas no sean adecuadas para corregir el fallo.

El proceso de análisis de causas y de propuesta de acciones debe ser racional y lógico, documentado con datos, con unos objetivos claros y una adecuada comprobación de los resultados mediante la aplicación del ciclo PDCA.

ACTIVIDAD PROPUESTA 2.25. Diagrama de causa efecto

Elige un proceso determinado e identifica un fallo en él, genera un diagrama de causa efecto y las correspondientes acciones correctivas mediante IA y comprueba la coherencia entre las causas del fallo y las acciones correctivas provisionales y definitivas.

2.5.3. Implementación de soluciones viables

La Real Academia Española define *viable* como «un asunto que, por sus circunstancias, tiene probabilidades de poder llevarse a cabo»; sinónimos de viable son *posible, factible* y *realizable*.

ISO 14001:1025 indica que el SGA debe ser conveniente, adecuado y eficaz. La metodología recomendada en los Apartados 2.5.1 y 2.5.2 se basa en el análisis de causas como paso previo a la implantación de acciones correctivas que permitan resolver las no conformidades reales o potenciales y los problemas que puedan surgir fruto de las operaciones de la empresa.

Las **fases del análisis** son, según se ha descrito:

1. Identificación y evaluación del problema, entendiendo por problema la diferencia entre la situación real y el objetivo, que también se da en el tratamiento de las no conformidades.
2. Análisis de causas, para identificar las circunstancias que han dado lugar al problema.
3. Diseño de soluciones viables, desde el punto de vista técnico, económico, legal y de las expectativas de las partes interesadas.
4. Implantación y seguimiento de la solución.
5. Comprobación de la eficacia de la solución.
6. Mejora continua, por aplicación del ciclo PDCA.

Figura 2.24. Las soluciones viables suelen ser soluciones de compromiso que logran un equilibrio aceptable entre los distintos factores que intervienen.

Hasta ahora se han considerado principalmente los factores técnicos y legales que, una vez identificado el problema, permiten resolverlo de manera técnicamente correcta recuperando la situación de cumplimiento legal.

Este enfoque, aunque parcial, es muy útil para introducirse en el análisis y resolución de problemas, poniendo el foco en las fases iniciales, la correcta definición del problema utilizando toda la información disponible, y el análisis de causas para elegir la solución más adecuada desde el punto de vista técnico, sea provisional o definitiva.

Los intereses de las partes interesadas son de especial importancia para implantar una rápida solución, aunque sea provisional, que permita resolver el problema eliminando las causas de la insatisfacción de los afectados, sea o no de carácter legal.

Pero, una vez identificadas las causas, hay que decidir si se puede esperar a la solución definitiva o hay que implantar una solución temporal o provisional, que deberá ser sustituida en su momento por la definitiva.

Recuperar el cumplimiento legal es la prioridad, pero, en esta fase, suelen surgir distintas soluciones; como se ha indicado, el análisis de causas se hace en equipo y, cuando este trabaja correctamente, lo normal es que se ponga encima de la mesa más de una solución.

Figura 2.25. En la fase de búsqueda de soluciones, hay que elegir entre varias de ellas, muchas serán buenas y, probablemente, ninguna perfecta.

¿Cuál es la situación a la hora de elegir soluciones?

Frente a un problema técnico, puede haber distintas soluciones, algunas es fácil descartarlas, no son técnicamente correctas, pero se han escuchado y anotado debido al clima abierto y de respeto que debe imperar en el equipo de trabajo.

Hay que elegir entre las técnicamente correctas y marcar las prioridades para hacer el plan de trabajo.

Si la incidencia da lugar a un incumplimiento legal, hay que implantar una solución de choque, pero también es posible que haya varias.

En este punto, hay que considerar no solo el coste, sino las amortizaciones o incluso el retorno de la inversión, dependiendo de la naturaleza de la inversión y los efectos esperados; hay que recordar que todo riesgo lleva implícita una oportunidad de mejora.

Hay tres grandes grupos de **metodologías para evaluar las acciones correctivas de tipo ambiental:**

1. Los modelos económico-financieros.
2. Los modelos coste-efectividad.
3. Los modelos que valoran los impactos ambientales.

Los **modelos económico-financieros,** como el valor presente actual (VPN), la tasa interna de retorno (TIR), el retorno de la inversión (ROI) o el periodo de recuperación de la inversión *(pay back period),* se aplican dependiendo del tipo de inversión y de la forma de trabajar de la empresa, pues también deben responder a la legislación sobre las prácticas contables y de amortización.

Los **modelos coste-efectividad** consisten básicamente en obtener la mayor rentabilidad social de una inversión. Por ejemplo, si un país dispone de un crédito para el desarrollo y la mejora ambiental, parece lógico que invierta donde haya una mayor población que se beneficie de las mejoras; es algo más complicado, pero el objetivo es la optimización social de la inversión.

Los **modelos que valoran los impactos ambientales,** como la conservación de la biodiversidad o la disminución de emisiones de gases de efecto invernadero, incluyen lo que se podría denominar *rentabilidad ambiental* en la evaluación de las soluciones.

La evaluación de la solución, desde el punto de vista económico financiero, añade un factor más de gran importancia para la empresa, especialmente en soluciones que implican importantes inversiones.

La evaluación de las soluciones pone de manifiesto, nuevamente, la necesidad de una valoración previa de la efectividad de las soluciones y de un claro objetivo; hay que tener muy clara la finalidad para poder valorar correctamente la solución.

Antes de proponer una forma de actuar para la elección de la solución más adecuada, hay que hacer una reflexión sobre el método QC; en el formato propuesto, no hay ningún apartado para la evaluación de las soluciones (evaluación en el sentido económico y financiero). No es que el método no sea adecuado, sino que su utilidad fundamental, en muchas empresas, es para pequeñas mejoras propuestas por equipos de operarios, mejoras que generalmente no requieren inversión y cuyo coste es mínimo, pero eso no invalida el método de análisis.

El método QC, para el análisis de problemas, sigue una lógica válida para cualquier tema, pero debe ser completado con el análisis de rentabilidad que proceda.

Ahora bien, los temas ambientales pueden requerir grandes inversiones; por ejemplo, la prohibición del cromo hexavalente en los tratamientos de protección superficial de los metales dio lugar a importantes cambios de proceso en muchas fábricas, lo que implicó instalaciones nuevas con tecnologías distintas y un elevado volumen de inversión.

¿Cómo se da el salto del uso del QC al proyecto de renovación tecnológica con la construcción de nuevas instalaciones?

Pasando del análisis de problemas a la gestión de proyectos, cada situación requiere una metodología acorde con su envergadura.

Por ahora, se va a aparcar la gestión de proyectos, mientras se vuelve al análisis de las soluciones viables en el marco del análisis de problemas, recordando que la solución debe ser viable desde el punto de vista técnico, económico, legal y de las expectativas de las partes interesadas y proporcionada con la naturaleza del problema y el alcance del SGA.

El cumplimiento legal es obligatorio, por lo que todas las posibles soluciones deben cumplir con la legislación vigente, si bien las distintas tecnologías pueden tener diferentes aspectos legales, que habrá que considerar.

La viabilidad técnica presenta dos aspectos que hay que valorar, el primero es que la solución debe ser tal que resuelva el problema y la segunda que la empresa sea capaz de gestionar la tecnología en cuestión, no todas las empresas tienen la misma capacidad técnica y tecnológica, y la actualización del personal y el cambio en los procesos puede ser largo y caro.

Ya se han comentado las distintas formas de evaluación económico-financiera, por lo que solo falta considerar las expectativas de las partes interesadas. Este es un aspecto que no siempre es fácil de manejar, pues puede suceder que el estricto cumplimiento legal no satisfaga, por ejemplo, las expectativas de la comunidad en la que opera la empresa, por tanto, hay que valorar el impacto de las posibles soluciones en la comunidad mediante las correspondientes estrategias de comunicación.

Son múltiples los aspectos que hay que tener en cuenta para decidir la solución óptima o, al menos, la mejor, por lo que conviene definir un método de evaluación que permita clasificar, como ayuda a la decisión.

Cuando se trabaja sobre un problema complejo, puede haber, o suele haber, más de una solución, pues, al tener que considerar múltiples criterios, lo que se busca es el equilibrio entre estos. Es muy difícil que una solución sea la mejor en todos los criterios, por ello, una forma de proceder son los métodos multicriterio comentados anteriormente.

Una vez adoptada una decisión viable, la mejor, hay que llevarla a la práctica y, para temas complejos, se recomienda gestionarla como un proyecto.

¿Cuál es la secuencia recomendada para la implantación de soluciones viables?

1. Definición del problema con toda la información disponible.
2. Análisis de causas, diagrama de causa efecto o AMFE, se puede completar con el diagrama de flujo.
3. Identificación de soluciones viables, desde el punto de vista técnico, económico, legal y de las expectativas de las partes interesadas y proporcionadas con la naturaleza del problema y el alcance del SGA.
4. Elección de la mejor solución, mediante métodos multicriterio, tanto para la solución temporal como para la definitiva, si es el caso.
5. Plan de implantación según QC, si es sencilla, o como un proyecto para soluciones complejas.

A lo largo del proceso, hay que utilizar distintas técnicas de análisis, además de tener un conocimiento de las tecnologías implicadas y saber gestionar proyectos, la formación del personal es fundamental.

ACTIVIDAD PROPUESTA 2.26.	Soluciones viables
Investiga los métodos multicriterio y explica cuál es el fundamento de los más sencillos.	

2.5.4. Verificación de la eficacia

La verificación de la eficacia de las acciones correctivas debe llevarse a cabo desde dos puntos de vista:

1. El método de análisis e implantación de estas.
2. La consecución de los objetivos marcados.

El método es el descrito al final del Apartado 2.5.3, la secuencia de actividades que va de la definición del problema a la implantación de la acción correctiva.

Para comprobar la eficacia del método, previamente, hay que disponer del correspondiente procedimiento, y proceso si se considera necesario, en el que se indican los distintos pasos, las herramientas que se van a utilizar, los objetivos que se quieren cubrir y el resultado esperado de las acciones que permitan conocer o estimar *a priori* si las soluciones son válidas para resolver el problema.

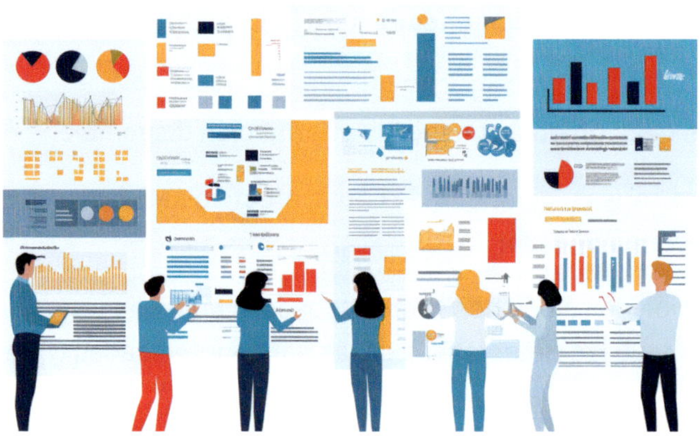

Figura 2.26. El equipo de trabajo debe asegurarse de la calidad del proceso de análisis e implantación para evitar fallos de procedimiento.

En el ejemplo analizado en el Apartado 2.5.2, se ha detectado una inconsistencia entre la definición del problema, el análisis de causas y las acciones propuestas, el fallo está en un análisis incorrecto, en no comprobar la coherencia entre el problema y las soluciones.

Hay que disponer de personal formado en las distintas técnicas, QC, causa efecto, AMFE, etc., y seguir los pasos indicados en la documentación (procedimiento), comprobando que cada uno de ellos responde a lo esperado.

Por ejemplo, lo primero es comprobar que la definición del problema es correcta y que se hace con toda la información disponible; después, hay que utilizar el diagrama de flujo del proceso que se está analizando, especialmente si es un proceso operativo, y, tras el análisis de causa efecto o el AMFE, comprobar que se identifican las causas más probables. La forma de hacerlo en el caso del diagrama causa efecto es recorrer el camino al revés y ver si de esas causas se deriva el efecto, el problema, objeto de estudio.

El cronograma de acciones debe ser claro, con indicación de las acciones, los responsables y las fechas de ejecución, asegurándose, mediante estimaciones o cualquier otro procedimiento fiable, de que la consecuencia lógica y esperada es la resolución del problema; debe controlarse la ejecución del cronograma y garantizar que se cumple.

En el caso de lanzar un proyecto, hay que aplicar las técnicas de seguimiento y control de proyectos para asegurarse del cumplimiento de los objetivos de este.

Los objetivos que haya que cumplir deben estar claramente definidos y garantizar que su cumplimiento soluciona el problema.

El primer paso para una correcta solución del problema es la adecuada ejecución del método de trabajo, que realmente es una aplicación continua del ciclo PDCA, junto con el pensamiento basado en riesgos, para saber qué hacer si algo no funciona (un plan B).

El cumplimiento de los objetivos debe comprobarse teniendo en cuenta los distintos factores que intervienen en la solución, los puntos de vista técnico, económico, legal y el de las expectativas de las partes interesadas, la solución debe ser proporcionada con la naturaleza del problema y el alcance del SGA.

En primer lugar, hay que comprobar el cumplimiento legal, con los medios habituales de que dispone el SGA, la solución debe cumplir la legislación; aunque, como ya se ha indicado, distintas soluciones pueden estar afectadas por normativas diferentes. Por ejemplo, las restricciones a la circulación de vehículos no son las mismas en carretera que dentro de Madrid, se pueden utilizar vehículos diésel para el transporte por carretera y eléctricos dentro de la ciudad.

La efectividad técnica se debe comprobar mediante las especificaciones de los equipos, los cálculos del proyecto o la estimación de resultados; hay que saber, *a priori,* que la solución es correcta sin olvidar el pensamiento basado en riesgos (¿qué pasa si...?).

La evaluación económica se hace por el procedimiento más adecuado al tipo de inversión, de acuerdo con los presupuestos y la situación de la empresa, hay que buscar la financiación adecuada, si procede, para asegurarse de la viabilidad de la solución.

Finamente, hay que manejar adecuadamente la comunicación externa con las partes afectadas. Es el uso reiterado del ciclo PDCA, cuya aplicación final es la puesta en operación y el seguimiento y control de los resultados comparando con los objetivos.

Una vez que se llega a la fase de explotación de la solución, hay que empezar a mejorarla, como aplicación de la mejora continua.

Solo queda reflexionar sobre la proporcionalidad y utilidad de la solución para una empresa concreta en una situación concreta. El final del proceso llega cuando se ha encontrado una solución óptima a un problema concreto, pero, antes de embarcarse en ella, hay que preguntarse si realmente la solución es la adecuada basándose en el sentido común y los criterios científicos.

Las empresas toman decisiones estratégicas que acaban siendo un fracaso total y que pueden llegar a comprometer su futuro; dar una determinada imagen, mostrar un potencial tecnológico o financiero que no es real o, simplemente, errores de percepción del mercado dan lugar a decisiones desastrosas, por eso se insiste en la necesidad de la adecuación y la proporcionalidad de las soluciones, especialmente cuando tienen un elevado coste; como dijo un gran directivo español, «las empresas hay que gestionarlas como si siempre estuvieran en crisis».

Figura 2.27. El Tata Nano es uno de los grandes fracasos de la industria del automóvil.

En el sector del automóvil, hay muchos ejemplos de decisiones desproporcionadas e inadecuadas al lanzar nuevos productos, en algunos casos, por exceso como el Renault Avantime o el Volkswagen Phaeton y, en otras, por defecto como el modelo de la Figura 2.27, el Tata Nano es un coche superbarato que fue un total fracaso; las grandes empresas también se equivocan, por lo que siempre hay que ser prudente.

ACTIVIDAD PROPUESTA 2.27. Reflexión final

Revisa con detalle el método propuesto y sométalo a un análisis crítico. ¿Es mejorable.

2.6. INFORME FINAL

En el Apartado 6.3 de ISO 14001:2015, sobre la revisión por la dirección, se indica que dicha revisión debe incluir información sobre las no conformidades y acciones correctivas, y las oportunidades de mejora continua.

En la presente obra, se ha propuesto un método de trabajo para el análisis de problemas que, bajo el nombre de *problema,* incluye el tratamiento de las no conformidades, reales y potenciales, y el de las oportunidades de mejora, por considerar que la utilización del mismo método para todo ello facilita la estandarización de este y su mejora continua.

Ambos temas son entradas para la revisión por la dirección, por lo que la propuesta es preparar un único informe con el siguiente contenido:

- Descripción y análisis del método utilizado.
- Resumen de no conformidades reales.
- Resumen de no conformidades potenciales.
- Resumen de mejoras del SGA.
- Impacto formal en el SGA.
- Impacto en el desempeño ambiental
- Impacto económico, en la imagen de la empresa, etcétera.
- Propuestas de actuación para el futuro.

El objeto del informe es documentar el proceso sistemático de gestión de problemas ambientales, desde su identificación hasta la verificación de soluciones, con el fin de:

- Garantizar el cumplimiento legal.
- Minimizar impactos ambientales.
- Optimizar recursos económicos y operativos.
- Promover una cultura de mejora continua.

Para entender mejor la necesidad de gestionar adecuadamente determinada información, hay que recordar la definición de *información documentada,* que, según ISO 14001: 2015, es la información que una organización tiene que controlar y mantener; la información documentada puede hacer referencia al SGA incluidos los procesos relacionados, la información generada para que la organización opere (documentación) y la evidencia de los resultados alcanzados (registros).

Por tanto, los informes de la gestión de problemas preparados, entre otras cuestiones, como material de entrada de la revisión por la dirección son información documentada, que hay que gestionar en el contexto del SGA.

Figura 2.28. Hay que conseguir el equilibrio entre lo que cuesta gestionar la información y sus beneficios para el SGA.

La redacción de informes y la gestión de la información requieren un trabajo administrativo que no siempre es bien valorado y cuya necesidad no siempre se acepta, pues hay una cierta tendencia a evitar todo aquello que no se percibe como directamente relacionado con los procesos de creación de valor.

La correcta gestión de la información requiere optimizar su elaboración, almacenamiento y explotación. En el caso de los registros de análisis y solución de problemas, lo más adecuado es crear una base de datos, por ejemplo, en Access, que permita almacenarla y extraer la información necesaria; para introducir la información, se crea un formulario de entrada de datos que reproduzca el formato QC, se pueden añadir los documentos necesarios, tales como diagramas de proceso, de causa efecto, etcétera. El objetivo es lograr el equilibrio entre lo que cuesta generar y custodiar la información y el beneficio obtenido de su explotación.

La gestión de la información, en todos sus aspectos, debe recogerse en los correspondientes procedimientos del SGA.

Para la elaboración del informe, se recomienda utilizar formatos normalizados, los habituales de la empresa para este tipo de documentos y relacionar las distintas acciones y sus efectos con los indicadores ambientales y las metas de la empresa; la forma de estructurar el informe debe ser la habitual en la empresa.

Dentro del esquema de mejora continua, se recomienda revisar el informe periódicamente, al menos una vez el año, y adaptándose a la revisión por la dirección, que en determinadas empresas es mensual.

La gestión de los problemas persigue la mejora del SGA, la corrección de las desviaciones y la eliminación de las causas que las motivan, sea cual sea el tipo de no conformidad y el método de detección, pero dicha gestión solo será efectiva si el método establecido para la detección, definición, análisis y corrección de los problemas es fiable, por eso se insiste constantemente en la comprobación y control tanto del método como de los resultados.

ACTIVIDAD PROPUESTA 2.28.	**Información**
¿Qué información es necesaria para la revisión por la dirección y cómo se debe presentar?	

2.6.1. Mejoras ambientales, ahorro conseguido y procedimiento adoptado

El método propuesto para la resolución de problemas contempla las mejoras y las no conformidades reales o potenciales, de cualquier origen.

A la hora de informar, por ejemplo, para la revisión por la dirección, hay que estructurar la información de modo que se cumpla lo indicado en el Apartado 6.3 de ISO 14001, aunque la norma no especifica cómo organizar la información siempre que se cumpla el mínimo requerido. Por ejemplo, en el apartado de auditorías, hay que informar sobre las no conformidades detectadas y su resolución, pero ello no quiere decir que la información no se incluya también en un resumen general sobre análisis y resolución de problemas.

La manera de informar y de estructurar la información depende de la cultura de la empresa, con la doble finalidad de poner a disposición de los responsables la información adecuada para la correcta toma de decisiones y de evitar repeticiones innecesarias que dan lugar a pérdidas de eficiencia.

Cada problema debe ser documentado mediante un QC, con la información de apoyo necesaria, y ser incluido en la correspondiente base de datos para su posterior análisis y explotación, para lo cual debe identificarse para poder agrupar y hacer los estudios que proceda.

Figura 2.29. Es recomendable utilizar un gestor de bases de datos, como Microsoft Access, para la explotación de la información sobre problemas.

Por ejemplo, si se quiere hacer un resumen de las no conformidades detectadas en las auditorías internas del SGA para valorar si han dado lugar a algún ahorro por mejora de los métodos de trabajo, hay que poder extraer todos los casos y una forma de hacerlo es identificarlo en el QC, con alguna de las casillas existentes o modificando el formato para adaptarlo a las necesidades de la empresa.

¿Qué información se quiere extraer de la base de datos de análisis y resolución de problemas?

Tomando como referencia el título del apartado, se va a proponer una forma de tratar los datos que permite obtener información a partir de los análisis de problemas.

La forma de trabajar es la descrita en el Apartado 2.5.3, que contempla todas las fases del proceso desde la identificación del problema hasta la implantación de una solución, una vez comprobada su viabilidad; debe redactarse el correspondiente procedimiento, y proceso si fuera necesario, que forma parte de la documentación que define el SGA.

Se deben documentar, en el informe final, las incidencias y las mejoras detectadas en el método, una vez estandarizado, para poner en marcha el proceso de mejora continua, el objetivo es definir un método de trabajo eficaz, en constante mejora, que evite fallos en los análisis y resolución de los problemas.

En el Apartado 2.5.4, se muestra el camino que hay que seguir para comprobar la eficacia del método, las incidencias deben reseñarse, e identificarse, en la fase correspondiente del proceso para poder obtener la información necesaria.

En cuanto a las mejoras, hay que identificarlas para conocer su origen, se pueden utilizar las casillas Tema o Razón de la selección del tema del QC y valorar claramente su impacto, puede reseñarse en la casilla 6, Confirmación de la efectividad.

Como comentario final, hay que indicar que el QC es un formato adecuado para el análisis y resolución de problemas, que tiene ciertas limitaciones para tratar temas complejos y que no está pensado para que la información que contiene sea introducida en una base de datos que permita explotar la información, pero lo importante es la lógica del proceso, que es perfectamente válida.

Para definir los informes sobre la resolución de problemas, hay que partir de la información que utiliza la empresa en el proceso de decisión y proceder en consecuencia.

ACTIVIDAD PROPUESTA 2.29.	**Gestión de la información**
¿Cómo se gestiona adecuadamente la información sobre análisis y resolución de problemas?	

2.6.2. Comunicación interna

El Apartado 7.4.2 de ISO 14001:2015, que lleva por título *Comunicación interna,* indica que la empresa debe asegurarse de que los procesos de comunicación permiten que las personas que realizan trabajos bajo el control de la organización contribuyan a la mejora continua, además de comunicar internamente la información relevante para el desempeño del SGA, según las responsabilidades de las personas involucradas.

Figura 2.30. La comunicación interna debe informar, mentalizar e incluso formar a las personas según su posición y responsabilidad.

En el contexto del análisis y resolución de no conformidades, de mejoras o el más general de gestión de problemas, según se ha planteado, la información y comunicación interna tiene distintas finalidades:

- Informar a todos los niveles de la organización sobre los problemas y sus soluciones.
- Fomentar la transparencia y la participación activa en la resolución de problemas y en la propuesta de mejoras.
- Informar a los directamente implicados del resultado de sus acciones.

Los medios (o canales de información) que es recomendable utilizar en cada caso son:

- **Medios digitales:** como intranet, correos, aplicaciones y otros; el contenido que se publique en cada medio y el acceso a las distintas informaciones depende del nivel de las personas en el organigrama y se controla con los correspondientes permisos o licencias.
- **Control visual:** las carteleras o pantallas en áreas críticas con KPI ambientales suelen ser información de interés general que se quiere hacer llegar a toda la plantilla.
- **Reuniones:** a nivel operativo, con una periodicidad establecida, como las reuniones diarias de producción, en las que se comentan las desviaciones y sus acciones correctivas, y de nivel directivo para informar sobre el desempeño del SGA, como la de revisión por la dirección, en las que hay que aportar información de evaluación del SGA y de apoyo para la toma de decisiones.

Con las directrices anteriores, se debe definir y estructurar la información más adecuada en cada caso y para cada canal, mediante la explotación de la base de datos de gestión de problemas.

Hay que recordar que ISO 14001 se puede implantar en centros de trabajo distintos (certificando cada uno de ellos con independencia del resto), por lo que la buena práctica que se comenta a continuación podría ser considerada como información externa o interna, pero interesante en cualquier caso.

En ciertas empresas con distintos centros de trabajo, cuando hay un incidente grave, y algunos problemas ambientales lo son, el centro que lo ha sufrido informa a los demás a través del área correspondiente, con indicación del problema, sus causas y efectos y la solución adoptada; el centro que recibe la información comprueba la situación y contesta con el resultado de la comprobación y las acciones que procedan.

Esta forma de actuar requiere una cierta coordinación entre centros y áreas operativas, pero permite establecer un sistema preventivo de alarma.

Resumiendo, la información sobre la gestión de los problemas permite apoyar la toma de decisiones de la dirección y formar y mentalizar al personal para promover una actitud proactiva hacia la mejora continua, de ahí la importancia del método utilizado y de custodia y explotación de los registros.

ACTIVIDAD PROPUESTA 2.30. Comunicación sobre gestión de problema

Explica cómo debe informarse adecuadamente al personal sobre el análisis y resolución de problemas.

ACTIVIDADES FINALES

Cuestiones

2.1. Respecto al concepto de *criterio*:

a) No es un concepto aplicable al SGA.

b) Solo trabajan con criterio los SGA muy complejos.

c) Principio que se utiliza como base para la toma de decisiones.

2.2. Además de analizar los datos obtenidos:

a) No hace falta revisar los datos, los procesos funcionan solos.

b) Hay que analizar su evolución para detectar tendencias.

c) Hay que conocer a las personas.

2.3. ¿Qué es una no conformidad?

a) Incumplimiento de un requisito.

b) Disminución del volumen de facturación.

c) Todas las respuestas anteriores son correctas.

2.4. ¿Cuál es la definición de *problema* en una empresa?

a) Conflicto.

b) Distancia, medible, entre la situación real y la que se quiere alcanzar.

c) En las empresas, no hay problemas.

2.5. La comunicación interna sobre la gestión de problemas pretende:

a) Informar a los distintos niveles de la empresa de la situación de la gestión de problemas, así como a los implicados en ella.

b) Fomentar la transparencia y la participación.

c) Todas las respuestas anteriores son correctas.

2.6. La mejora continua:

a) Implica aceptar que todo es mejorable, por bien que haya hecho.

b) No es aplicable en las empresas de servicios.

c) No es aplicable en la gestión del SGA.

2.7. Según ISO 14001:2015, la acción correctiva es:

a) Corrección.

b) Eliminación de la causa de una no conformidad para evitar que vuelva a ocurrir.

c) Solamente, se aplica en sistemas muy complejos.

2.8. Los requisitos se pueden clasificar en:

a) Requisitos ISO 14001 y legales.

b) Indicadores y objetivos. y resto de los requisitos aceptados por la empresa.

c) Todas las respuestas anteriores son correctas.

2.9. Una solución provisional:

a) Mitiga el daño, pero no resuelve el problema.

b) Nunca hay que aplicar soluciones provisionales.

c) Siempre hay que aplicar soluciones provisionales.

2.10. El QC es:

a) Uno de los muchos documentos inútiles que se utilizan en las empresas.

b) Un formato para el análisis de problemas y para documentar las soluciones.

c) Una moda que solo da trabajo.

2.11. Según ISO 9000: 2015:

a) La acción correctiva se toma para evitar que algo vuelva a ocurrir.

b) La acción preventiva se toma para evitar que algo ocurra.

c) Todas las respuestas anteriores son correctas.

2.12. El índice de prioridad de riesgo:

a) Permite priorizar los fallos potenciales identificados en el AMFE.

b) Es meramente correctivo.

c) Solo se utiliza en las grandes empresas.

2.13. A efectos de detectar mejoras, para el desempeño del SGA, los conocimientos científicos y tecnológicos se pueden agrupar en:

a) TIC y tecnologías de proceso.

b) Normativa, legislación y conocimiento sobre cambio climático y temas afines.

c) Todas las respuestas anteriores son correctas.

2.14. Es muy recomendable gestionar la implantación de soluciones complejas como un proyecto.

a) La gestión de proyectos es una metodología muy eficaz en este campo.

b) Falso.

c) Solo en las empresas industriales.

2.15. Las auditorías no son fiables si no se respetan los principios de auditoría.

a) Falso.

b) Verdadero.

c) No existen tales principios de auditorías.

2.16. El diagrama de causa efecto se conoce también como:

a) Diagrama de Ishikawa.

b) Diagrama de espina de pescado.

c) Todas las respuestas anteriores son correctas.

2.17. Los planes de trabajo para resolver problemas deben incluir:

a) Plan de acciones con responsable, fecha, objetivo que se quiere alcanzar y forma de comprobarlo.

b) Simplemente, la lista de acciones.

c) Solo la lista de responsables.

2.18. La gestión de quejas y reclamaciones debe tener en cuenta que:

a) Una queja se produce cuando una persona ha visto defraudadas sus expectativas, con o sin razón.

b) Una queja siempre es una oportunidad de mejorar.

c) Todas las respuestas anteriores son correctas.

2.19. Las auditorías solo son significativas si:

a) Las lleva a cabo personal externo.

b) El SGA tiene un funcionamiento estable, en todos sus aspectos.

c) Todas las respuestas anteriores son correctas.

2.20. Es recomendable manejar los registros del análisis y resolución de problemas:

a) Mediante una base de datos.

b) Aunque no tiene importancia, pues no influye en los clientes.

c) Ninguna de las respuestas anteriores es correcta.

2.21. El apoyo de la dirección es clave para el desempeño del SGA.

a) No, la dirección debe mantenerse al margen y dejar trabajar.

b) No hace falta, el sistema funciona solo.

c) Siempre y de forma continua.

2.22. Los conceptos clave a la hora de definir y explotar el SGA son:

a) Nivel de madurez e información documentada.

b) Personal y motivación.

c) Salarios y cualificación.

2.23. La solución de un problema debe ser:

a) Proporcional y útil respecto del alcance del SGA.

b) Coherente con la naturaleza e impacto del problema.

c) Todas las respuestas anteriores son correctas.

2.24. Los criterios, objetivos e indicadores:

a) Deben estar correctamente formulados.

b) Deben ser coherentes entre sí y con las operaciones de la empresa.

c) Todas las respuestas anteriores son correctas.

2.25. ¿Qué es un indicador?

a) Un valor cualitativo para estimar tendencias.

b) Una medida específica que permite controlar el cumplimiento del objetivo.

c) Todas las respuestas anteriores son correctas.

Ejercicios

2.26. Marca con una X en el recuadro que corresponda a los distintos criterios de identificación de no conformidades:

- ☐ Desviaciones del SGA.
- ☐ De redacción y estilo en los documentos.
- ☐ De auditoría.
- ☐ De productividad.
- ☐ De quejas, reclamaciones y denuncias.

2.27. Eres la directora de una empresa que tiene que decidir cómo formar al personal en resolución de problemas. Indica qué concepto utilizarías y por qué:

- Acción correctiva y corrección.
- Acción preventiva.
- Solución provisional.

2.28. ¿Es conveniente incluir el tratamiento de las quejas dentro el proceso general de análisis de problemas?

2.29. ¿Qué conocimientos debe tener un analista de problemas que trabaje con la correspondiente base de datos?

2.30. Elige un tema ambiental y busca en Google Scholar. ¿Es interesante la información obtenida?

2.31. Sobre el mismo tema de la Actividad 2.30, busca en ChatGPT y en DeepSeek y compara los resultados. ¿Qué conclusiones se pueden obtener?

2.32. Indica si son verdaderas o falsas las siguientes afirmaciones sobre los principios de auditoría:

- No respetar los principios de auditoría no tiene efecto sobre esta.
  a) Verdadero.
  b) Falso.
- Sí que son fiables las no conformidades detectadas en una auditoría basada en los principios de auditoría.
  a) Verdadero.
  b) Falso.
- La no independencia de los auditores no influye en la auditoría ni en las desviaciones detectadas.
  a) Verdadero.
  b) Falso.

2.33. ¿Cómo es más fácil encontrar información de carácter científico-técnico: mediante IA o con Google Scholar? ¿Qué precauciones hay que tomar en cada caso?

2.34. ¿Hay alguna relación entre el nivel de madurez y la transformación digital de las empresas?

2.35. ¿Es utilizable el *benchmarking* entre áreas o plantas de una misma empresa?

2.36. En la lista siguiente, identifica el posible origen de las mejoras del SGA e indica razonadamente cuáles corresponden y cuáles no:

- Proveedores y clientes.
- Auditores externos.
- Centros de investigación.
- Universidades.
- Personal de la empresa.
- Personal de la competencia.

2.37. Marca con una X en el recuadro que corresponda a la formación que es deseable que tengan las personas que mantienen actualizado el conocimiento científico sobre temas ambientales:

- ☐ Normativa y legislación.
- ☐ Experiencia y conocimientos básicos del sector.
- ☐ Conocimiento de la información de grandes consultoras y empresas similares.
- ☐ Gestión por procesos.
- ☐ Bases de datos de artículos y publicaciones científicas.

2.38. ¿Implantar la cultura de la mejora continua implica un cambio importante en la empresa? ¿Por qué?

2.39. Marca con una X en el recuadro que corresponda a la información sobre mejoras para la revisión por la dirección:

- ❑ Incidencias y mejoras de metodología.
- ❑ Programa de auditoría.
- ❑ Cantidad de mejoras según su origen.
- ❑ Ahorros de distinto tipo.
- ❑ Evolución de la plantilla.

2.40. ¿Qué opinas del uso del QC, el 8D y sistemas similares?

2.41. ¿Por qué es importante la información interna sobre la gestión de problemas y de mejoras?

2.42. ¿Qué factores hay que tener en cuenta para la definición de la base de datos de problemas?

2.43. Como responsable del SGA (RD) de una pyme, analiza las ventajas e inconvenientes de hacer *benchmarking* con empresas de otros sectores.

2.44. ¿Cómo se puede medir la eficacia de la gestión de problemas?

2.45. Marca con una X en el recuadro que corresponda al objeto del informe sobre gestión de problemas ambientales:

- ❑ Garantizar el cumplimiento legal.
- ❑ Mejorar la productividad.
- ❑ Minimizar los impactos ambientales.
- ❑ Analizar las partes interesadas.
- ❑ Promover la cultura de la mejora continua.

2.46. Reflexiona sobre la influencia de las TIC en el desempeño del SGA.

2.47. Valora la utilidad de las 7 nuevas herramientas.

2.48. ¿Qué relación existe entre el análisis de riesgos y la solución de problemas?

2.49. Debate sobre las auditorías como fuente de mejoras.

2.50. ¿Tiene alguna ventaja gestionar por separado las no conformidades, las mejoras y los problemas?